August Friedrich Cranz

Hinterlassene Späne aus der Werkstätte eines Ex-Illuminates

August Friedrich Cranz

Hinterlassene Späne aus der Werkstätte eines Ex-Illuminates

ISBN/EAN: 9783743300729

Hergestellt in Europa, USA, Kanada, Australien, Japan

Cover: Foto ©Thomas Meinert / pixelio.de

Manufactured and distributed by brebook publishing software
(www.brebook.com)

August Friedrich Cranz

Hinterlassene Späne aus der Werkstätte eines Ex-Illuminates

Hinterlassene Späne

aus der

Werkstätte eines Ex-Illuminaten,

herausgegeben

von

Cranz.

Die Fürsten.

In einem Lande, — das eine ziemlich grosse Strecke einnimmt, und worinn Bäche von Milch und Honig fliessen, — (die aber jezt von sehr scharfen Winden, welche seit mehreren Jahren unaufhörlich aus seinem Mittelpunkt wehen, beinahe ganz ausgetrocknet seyn sollen) — ist, was in vielen Ländern ist, ein Fürst und eine Fürstin.

Fürst einer guten, edlen Nation zu seyn, die Macht in Händen zu haben, Millionen frohe Menschen zu machen, von Millionen als Vater geliebt und geehrt zu werden, sein eigen Wohl auf das Wohl von Millionen erbaut zu sehen; — o beneidungswerthes Loos, nur wenigen Erdensöhnen beschieden, aber fähig den, dem es zu Theil wird, und der es zwekmäßig zu genießen weiß, über die Menschheit zu erheben, und einen Vorschmack von Götterwonne empfinden zu lassen! — Und doch hatte sich im vorigen Jahr kein Bettler an die Stelle dieses Fürsten gewünscht.

Du weißt, lieber Leser, daß ein Fürst, so wie jeder Mensch, nach Verhältniß seines Wirkungskreises, gewisse Pflichten auf sich hat, und daß alle Pflichten eines Fürsten in der Einzigen enthalten sind, dem Volke zu seyn, was ein guter Vater seinen Kindern ist. Gleichwie nun ein Vater, in sofern er sich als Vater betrachtet, seiner Kinder Wohl nach allen Theilen zu befördern sucht: er muß sie vor allen Dingen ernähren, oder in den Stand sezen, sich selbst zu ernähren; muß sie lehren oder lehren lassen, und in Hinsicht auf diejenige, denen er die Bildung seiner Kinder anvertraut, eine kluge Auswahl treffen; muß ihnen helfen und rathen, wie sie sich mit andern Menschen vertragen sollen; muß sie auch wenn sie es verdienen, strafen, aber sie zugleich fühlen lassen, wie wehe dies dem Vaterherze thue: eben so nimmt auch ein Fürst auf sein eignes Ich immer zulezt Rüksicht, und erinnert sich, daß er deswegen Fürst ist, damit er für seine Unterthanen wache, Privatsorgen der Sorge für das allgemeine Beste weit nachseze, und besonders mit dem heilsamen Gedanken, daß der Fürst um der Nation willen, und nicht die Nation um des Fürsten willen, geschaffen seye, erwache und einschlafe.

Dies weißt du, lieber Leser, so gut, und zum Theil besser, als ich; auch scheint es die Natur der Sache mit sich zu bringen. Daraus folgt: so wenig der Vater, welcher seine Kinder zu seinem Stolz und Freude, zur Stüze seines Alters, zu nüzlichen Bürgern des Staats und reinen Verehrern Gottes erzogen hat, ein unglüklicher Vater seyn kann; so wenig kann der Fürst, welcher den blühenden Zustand seines Landes, die Eintracht mit seinen Nachbarn, die freie Denkungsart seiner Unterthanen, ihre Liebe zu zwekmäßigen Künsten und Wissenschaften, ihr Vertrauen auf seinen Willen, ihnen Gutes zu thun, und den daraus entspringenden willfährigen Gehorsam gegen alle seine Befehle, als sein Werk betrachten kann, ein unglüklicher Fürst seyn.

Die Glükseligkeit eines Vaters, welche nicht mit dem Wohl der Kinder verbunden ist, ist keine Glükseligkeit; und die Glükseligkeit eines Fürsten, die nicht auf das Wohl seiner Unterthanen gegründet ist, ist auch keine Glükseligkeit. — Dieses vorausgesezt, laßt uns sehen, wie es in jenem Lande zugieng!

Seine Einwohner sind im Durchschnitt genommen, so, wie man die sämmtliche Einwohner eines ganzen Landes beurtheilen kann, gut und edel, aber leicht wie Zunder, und wie dieser, besonders wann er mit Salpeter gerieben ist, feuerfangend. Man giebt ihnen Schuld, daß sie vor andern Völkern dazu geneigt sind, auf Extreme zu verfallen: es läßt sich daher viel Grosses, aber auch viel Lächerliches und Abgeschmaktes, und auf einer andern Seite, viel Abscheuliches von ihnen erwarten. Und wahrlich man darf nur ihre Geschichte von allen Jahrhunderten beherzigen, um zu diesen Erwartungen berechtigt zu werden. Ein Zug war ihnen eigen: blinde Liebe zu ihrem Fürsten, die sich auf die unbedeutendste Umstände erstrekte. Gott weiß, ob sie diesen Nationalzug jezt bereuen und sich seiner schämen! Wenn dem so ist, wehe den Fürsten, welche durch schändlichen Mißbrauch der uneingeschränkten Liebe ihres Volks, diese Reue und Scham bewirkt haben!

Wirklich war das Volk mit seinen Regenten, oder vielmehr mit seinen Fürsten — denn Fürsten und Regenten sollen oft sehr verschiedne Personen seyn — lange Zeit nicht ganz glüklich. Einige derselben waren in der That grosse Männer; nur vergaßen sie die einzige Pflicht, Väter ihres Volks zu seyn. Eine einzige

Anekdote mag von der Haushaltung am Hofe Begriff geben.

Einer derselben führte mit einem benachbarten Lande, der Himmel weiß, mit welchem Recht, Krieg: das ist, er gab einen Theil seiner Unterthanen dem Kriegsglück Preiß, während er selbst sich damit beschäftigte, daß er es sich in seiner Residenz herzlich wohl seyn ließ, und neue Mittel ersann, Sinne und Vernunft zu betäuben.

Mit Vergnügen erfuhr der Hof die Nachrichten von den Thaten der siegreichen Armee, bestürmte den Himmel, der an allem so unschuldig, als der ganze Hof war, mit einem feyerlichen Te Deum: wahrscheinlich aus Gefühl des Danks, daß er mit seltner Langmuth die schreklichste Mordbrennereien gelingen ließ; und beschloß, mit einem eilftägigen Feste, das seines gleichen noch nie gehabt haben sollte, seine Freude über vergoßnes Menschenblut, verwüstete Staaten und zerstörte Dorfschaften, an den Tag zu legen.

Den Tag vor Anfang des Fests nahte sich ein Minister, der einzige, welcher im Dienst des Vaterlands grau geworden war, ehrfurchtsvoll, aber mit bleichem Angesicht und bebenden Knieen, dem Fürsten, und meldete, was ihm so eben berichtet worden, daß in einer der schönsten Provinzen Rebellion wüthe, weil die armen Leute durch Abgaben und Mißwachs erschöpft, in Gefahr seyen, Hungers zu sterben. Der tapfere Fürst war der Meinung, mit ein Paar Regimentern die man dahin abschicken würde, könnte die Affaire beigelegt werden. „Ach nein, erwiederte der Patriot, durch Gewaltthätigkeit werden Ihre Unterthanen nicht satt; Brod wollen sie: diesmal kann nur schleunige Unterstüzung helfen. — Dürfte ich mich unterstehen, einen Vorschlag zu thun, den die väterliche Gesinnung meines Fürsten gewiß billigen wird? Es sind zu einem Feste, das eilf Tage dauern soll, ungeheure Summen bestimmt; ein neuntägiges wird ja nicht weniger glänzend seyn, als ein eilftägiges; man schicke jenen Unglüklichen, was dadurch erspart wird, und sie sind gerettet! Der Dank von Tausenden für die Rettung ihres Lebens wird dadurch gewonnen und —

„Was soll das heissen? antwortete der Fürst, mein Herr Minister, ich hätte von Ihnen einen klügern Rath erwartet. Sie sind für diesmal entlassen, besinnen Sie sich auf etwas bessers!"

„Aber, halten mir zu Gnaden! Ihre arme Unterthanen?" — „Die? Ich kann sie nicht füttern, sie sollen Geduld haben!"

Sie hatten auch Geduld, bis der Knochenmann sich ihrer erbarmte, und Tausende zu seiner Beute machte.

Schaudre nicht, Leser oder Leserinn! Es waren zwar ehrliche Landskinder, deren Fleiß der Herrschaft jährlich ein schönes Stück Geld eintrug, aber meistens gemeine Leute, an denen weiter nicht viel gelegen war; auch hat die Nachricht im ge-

ringsten Ein Derangement des Fests gemacht,
denn der Fürst erfuhr gar nichts! —

Der Regent hat zwar den Nahmen:
Monarch, heißt teutsch: Alleinherrscher, aber
gewöhnlich war Er am ganzen Hofe der, der am
wenigsten herrschte, sondern, troz dem Niedrigsten
seiner Unterthanen, sich von Räthen verschiedner
Gattung, Weibern, Maitressen, Kammerdienern
und von seinen und ihren Leidenschaften beherr-
schen ließ. — Neuerdings hielt es die Fürstinn
mit Bischöffen und Kriegsministern: der Fürst mit
allen denen, welche es mit Ihm halten wollten.
Finanzräthe, Marschälle, Leibschneider und Leib-
friseur hatten wieder ihre eigne Parthie, und jede
Parthie ihren eignen Anhang. Jedes Mitglied
des Einen oder des andern Anhangs wollte seine
nähere oder entferntere Bekanntschaft mit dem sogenannten Regenten zu seinem Vortheil benuzen
und der gute Regent ließ sich so lang benuzen und
abnuzen, bis nichts Nüzliches mehr an ihm war.
Durchkreuzten sich die Absichten der verschiednen

Parthien, so gewann jedesmal die, Welche am besten pfeiffen konnte. Da sie im Grunde alle einerlei Wünsche hatten, so geschah dieses öfters. Das Fazit war — eine Summe Staatsschulden, durch die man eine Welt mit dem zornigsten Gotte versöhnen könnte, wenn er halb so interessirt wäre, als der unsrige oft vorgestellt wird, und eine allgemeine Verwirrung, troz der — bei Babels Thurnbaue. Vor wenigen Jahren wachten einige Köpfe der mißhandelten Nation auf und entdekten, was man überall nur nicht in ihrem Lande, gewußt hatte: die ganze Nation fängt Feuer; alles kocht, brennt und raucht! Man sah zwar öfters, wahrscheinlich vom starken Rauch verblendet, den Weißen für den Schwarzen an, aber weit wichtiger waren die Beispiele dessen, was aufgewektes Gefühl von Menschenwerth ausrichten kann. Der Zeitpunkt war erschienen, und alle *) Materialien waren vorräthig, das verworrene Chaos in ein

---

*) Sie hatten aber doch kein Geld!

Anmerkung eines Banquiers.

Paradis umzuschaffen, dem zertretnen Glück von Millionen wieder aufzuhelfen, und gewiß ein Fürst hätte zu seinem und der Nation Nuzen Wunder thun können — wenn — in der Welt kein Wenn wäre. Aber was thut er? Er unterschreibt, wozu man ihm die Hand führt, ißt Hühner, trinkt seine Bouteillen Wein und macht zu seinem Zeitvertreib — Schlösser.

2.

In einer der ohnlängst entdekten Südinseln, die in äusserlichen Gebräuchen und Gewohnheiten wenig Aehnliches mit dem gesitteten Europa aufzuweisen hat, deren Einwohner aber an Denkungsart und Grundsäzen bei Uns ihres Gleichen finden könnten, — ist auch ein Fürst. Er wird überall, als der gütigste Herr — — seiner Hunde gerühmt, und geliebt?? Wir wollen hören, wie es weiter gehe.

Grillenhafte Menschen sind sich und andern beschwerlich, aber ein grillenhafter Fürst, und wenn sein Land nur zwei Huf Landes ausmacht, ist schlechterdings unerträglich. Dieser Fürst hatte unter andern Grillen diese, daß er das Recht, die Hirsche und Rehe, Haasen und Schweine in seinen Wäldern zu martern, keinem Menschen als sich selbst zugestand. Dafür muß man ihm aber das zum Ruhm nachsagen, daß schwerlich ein Mensch hiezu geschikter war, als er.

Deßhalb wurde einer Kolonie Hunde ein standesmäsiger Plaz eingeräumt, und ein beträchtlicher Theil der Einkünfte, vom Schweiß des Unterthanen, mitunter auch von den Thränen der Wittwen und Waisen beträufelt, wurde von diesen Lieblingen und Lieblinginnen verzehrt. Es gab verläumderische Zungen, welche das fürstliche Herz als keines wohlwollenden Gefühls empfänglich erklärten; allein man weiß schon, wie viel man Verläumdern zu glauben hat: sie schütten immer das Kind mit dem Bade aus. Diese Geschöpfe besassen

die Gunſt des gekrönten Hauptes in ſo hohem
Grade, daß alle andre Dinge vergeblich darauf An-
ſpruch gemacht haben würden. — Glükliches Land,
das nur einige Kuppel Hunde zu ernähren braucht,
und die Ausgaben für andere fürſtliche Bedürfniſſe
erſpart ſieht ! Glüklicher Fürſt, der bei den
Sprüngen des Möpschen, Veſtris Tänze, bei den
Schmeicheleien der Diane die Liebkoſungen einer
Favoritinn, und bei dem Gebelle einer ganzen
Kuppel, — die Klagen ſeiner Unterthanen ver-
geſſen kann.

In der Reſidenz wohnte ein Forſtmeiſter mit
ſeinem Sohne. Dieſer, ein Jüngling von fünf
und zwanzig Jahren : ganz geſchaffen den ange-
erbten Glanz ſeines Hauſes forzupflanzen, wählte
den einzigen Weg, der einem Kavalier Ausſichten,
dem Vaterlande einſt nützlich zu ſeyn, verſprach,
und wurde — Jagdjunker. Er kannte zwar
rühmlichere Beſchäftigungen, als das Jagdge-
folge ſeines Fürſten zu vermehren, mußte aber,
wollte er ſich anders in einem gröſſern Wirkungs-
kreis verſezt wiſſen, hiemit anfangen.

Schon feyerte der schöne Jüngling unter dem
Fenster den Aufgang der Sonne, und überließ sich
den erhabnen Empfindungen, von welchen jedes
wirklich edle Herz beim Anblick dieses prächtigen
Schauspiels überströmt, als der Schall der Jagdhörner ihm eine Fehde mit Hirschen und Schweinen
ankündigte. Er fand keine Freude daran, un-
schuldige Thiere zu quälen: und verfolgten die
andern die bluttriefende Spur, oder harten des
Horah und Holla holls, so freute er sich in Wäldern und Fluren der schönen Natur. Heute über-
fiel ihn beim Schallen der Hörner ein kalter
Schauer: er hielt es für kühle Morgenluft und
kleidete sich an. — Da stand er, der schöne gelb
gelokte Jäger im grünen Gewande; Silber blinkte
an Schultern und Händen und am glatt gewichsten
Stiefel: eine weiße Feder prangte, wie eine
Krone, auf seinem Haupte. Die Hörner schall-
ten zum zweitenmal und der Rappe wieherte an
der Pforte. Noch hatte er eine Viertelstunde
bis zum dritten Schall übrig, diese zu genießen.
gieng er in den Garten hinter dem Hause.

schielte nach einem benachbarten Kammerfenster und seufzte.

Bst! Bst! lispelt's aus der Laube, und Elise stand vor ihm.

„Du schon hier, Elise?"

„Ich geniesse den schönen Morgen in deinem Garten, mein Adolf! Lange schon wünschte ich dich an meine Seite: und siehe, als wüßtest du es, kommst du."

„Daß ich um Deinetwillen und mit Dir beschäftigt kam, mögen dir diese Rosen beweisen." Der süsseste Kuß von Elisens Purpurmund, dankte ihm und die Rosen blühten am verhüllten Busen. Adolf zog Sie sanft neben sich auf eine Bank in der Laube, drükte Sie an seine Brust, und — seufzte.

„Fehlt dir etwas, mein Lieber?" fragte Sie, und mit Engels Milde blikte ihn das himmelblaue Auge an

„Was kann mir fehlen, wann ich Dich habe, und Dich habe ich ja? Du bist ja mein, Elise?"

„Dein! Dein, auf ewig! Sieh doch die Morgensonne will Zeuge seyn, wie wir den seligen Bund unsrer Liebe erneuen!

Die röthlichen Strahlen durchbrachen die Immergrün-Zweige, und vergoldet vom frischen Glanze saß das edle Paar im feyerlichen Dunkel. Ueber der Laube erhob sich die Lerche, um den angebrochenen Morgen zu begrüssen, hinter ihnen zwitscherten junge Vögel im Laubwerk, und aus Blumen und Kräutern dufteten ihnen balsamische Gerüche entgegen.

„Ja! Elise, sagte Adolf, der Himmel freut sich über unsern Bund, und verbreitet lauter Wonne um uns her: alles lacht uns, wie neugeschaffen, entgegen, als wollte es mir mein Glück in deinem Besitze zusichern. Ich halte dich, englische Seele, in meinem Arm, fühle mich hier zum Gott erhoben, und kann doch wehmüthige Empfindungen, die mich heute unwillführlich anwandeln, nicht unterdrücken."

"Fürchte nichts, Lieber! Was kann uns Uebels begegnen, als getrennt zu werden, und das ist doch wohl nicht wahrscheinlich; sey ruhig!" —

Die Hörner ertönten zum drittenmal, und der alte Forstmeister, Adolfs Vater, saß schon zu Pferde.

"Ich muß fort zur Jagd, mein Vater wartet. Lebe wohl, Elise!"

"Wann kommst du wieder?"

"Das weiß Gott!"

"Auf den Abend kommst du? Wir sehen uns wieder."

"Ja, bei Gott! Elise, wir sehen uns wieder! (wehmüthig) Vergiß mich nicht!"

Stumm umarmten sie sich, und Adolf flog davon.

Schon paradirte im Schloßhof die glänzende Schaar der Jäger, die weißen Federbüsche zitterten in der Morgenluft, die Flinten und Spieße blinkten der Sonne ihre Strahlen zurück, und ungeduldig des langen Harrens schnaubten die Rosse, und stampften auf das widerhallende Pflaster; bis der Fürst, als Jagdkönig, erschien, um die Reihe anzuführen. Klarinetten, Jagdhörner und eine bei uns unbekannte Art von Paucken jubelten voran, und in einer Stunde war der Zug im Walde.

Diane sollte bei dem heutigen Schweinhaz ihr Probestück ablegen. Sie hatte bereits durch verschiedne Verdienste des Fürsten Aufmerksamkeit auf sich zu ziehen gewußt, und sollte das heutige Probestück gelingen, so war ihr Glück am Hofe gemacht, und der Orden des güldnen Halsbands die erste Belohnung, die sie zu gewarten hatte. —

Der Jagdgöttinn flüchtige Priester zertheilten sich im Walde: jedem wurde nach Stand und Würden ein Plaz und Geschäft angewiesen. Hier trieben einige mit Hunden das Wild auf, jagten es in Wuth, und andern Quälern in die Hände, die es mit Spiesen und Hieben empfiengen.

Dort lauerten einige im Hinterhalt mit Schießgewehr, andere mit kleinern Hunden, um ihren Vorgängern zu Hülfe zu kommen. Unter den leztern war Adolf. Dem besondern Zutrauen des Fürsten hatte er es zu verdanken, daß Diane seiner Leitung anvertraut wurde. Von den Durchlauchtigen Händen selbst wurde sie ihm an einem seidnen Stricke zugeführt, und mit der Ordre übergeben, sie zur rechten Zeit auf eines der grösten Schweine loszulassen. „Aber sezte der zärtlich besorgte Fürst hinzu, daß ja dem Thiere kein Malheur begegnet! Ich fodre alles von Ihm."

Adolf stellte sich auf seinen Posten, paßte, und hatte so Langeweile, daß er, wie Plinius,

Bücher hätte schreiben können. Ehe er es sich ver-
sah, rannte ein angeschoßner Eber auf ihn zu.
Anfangs wehrte er sich mit dem Spieß, so gut er
konnte, und hielt Dianen immer zurück. Er rief
um Hülfe, aber ein ungünstiger Zufall hatte die
Jagdgenossen zu weit entfernt, und keiner kam.
Nun verdoppelte er seine Kräfte, den Eber sich
vom Leib zu schaffen, und Dianen zurückzuhalten,
deren unvermeidlichen Tod, wenn sie anpakte, er
voraus sah: aber der Eber wurde wüthender,
und schäumte, und Diane ungedultiger, und riß
aus. Dadurch, daß diese auf seine Seite trat,
gewann Adolf zwar Zeit, neue Angriffe abzuwenden, und sich zu erhohlen; aber Diane hatte
das Schiksal mehrerer ihrer Zunftgenossen, nehmlich, von den Mordzähnen des gehezten Feindes
aufgeschlizt, und in die Nothwendigkeit versezt zu
werden, ihre Heldenseele auf dem Wahlplaze win-
selnd auszuhauchen. Inzwischen kam das Jagd-
gefolge herzu gesprungen, jubelte, den großen
Eber an Adolfs Spieß zu sehen, und machte seiner
Tapferkeit die gröſten Lobsprüche.

Elise, beunruhigt von den bedeutungsvollen Abschiedsworten ihres Geliebten, sah ihm mit bangem, trübem Blicke nach. Ja bei Gott! Elise, wir seh'n uns wieder! vergiß mich nicht! — so sagte er! — wie sollt ich Ihn denn vergessen, in wenigen Stunden vergessen können? Aber, wenn ihm Leid widerführe, wann er heute Abend nicht käme? — Ach! nein, mein Adolf kommt; er verläßt mich nicht, der Himmel trennt uns nicht; Gottes Vorsicht ist über ihm und mir und unsrer Liebe. Laß mir ihn, gütige Vorsicht, laß mir den edlen Jüngling, und führe ihn wieder froh und heiter in meine Arme zurük!" So sagte sie, blikte voll Vertrauen gen Himmel, und begab sich, nachdem sie die Blumenbeete noch ein paar= mal durchwandelt hatte, gestärkt nach Hause.

Gegen Abend gieng sie wieder in den Garten, um Adolfen zu erwarten: — Sie harrte in der Laube, und — er kam nicht: Sie lauschte an der Gartenthüre, und — er kam nicht; Sie gieng an die Rosenbüsche, und fand eine entblätterte Rose,

aber Er war nicht da. Sie gieng an den Wasser-
fall, und Er war nicht da.

„Gütiger Gott! rief sie endlich, wo bleibt
er denn? Noch nie ist er ausgeblieben, und heute
läßt er mich vergebens harren!"

Sie sezte sich in die Laube, und führte alle
Wonneszenen mit Adolf in ihr Gedächtniß zurück.
„Hier, wo ich size" rief sie aus „saß er hundert-
mal, und fühlte Entzücken an meiner Seite,
drükte seine glühende Wangen an meinen Busen,
brannte unzählige Küsse auf meine bebenden
Lippen, und hielt mich von unnennbaren Gefühlen
durchdrungen, in den Armen. Er gieng und kam
wieder; heute gieng er auch, und kommt nicht! —
ewige Vorsicht! — und kommt nicht zu der, die
bei Ihm Himmel und Erde vergißt!"

Lermen und Geschrei in des Forstmeisters
Hause unterbrach sie. Sie horchte, konnte aber
nichts, als einzelne Worte der Domestiken ver-

nehmen. Ihre Unruhe vermehrte sich immer mehr, ihr Herz pochte laut: nun konnte sie sich nicht mehr halten, gerade in das Haus zu gehen, und nach Adolf sich zu erkundigen.

Gutes, liebevolles Mädchen! Dein guter Stern sey über dir, und leite dich in deines Adolfs Arme!

Bänger, und immer bänger wurde es ihr ums Herz, als sie die Treppe hinaufgieng, als würde sie zum Richtplaz geführt. Abgebrochene Töne des Wehklagens wimmerten ihr von ferne aus dem Wohnzimmer dumpf entgegen: Todesbläße über-fiel sie, kalter Schweis rollte von den Schläfen. halb ohnmächtig stand sie vor der Thüre. Mit zitternden Händen öfnete sie dieselbe, und — Him-mel! welch ein Anblick! „Jesus Christus" schrie sie, „Adolf todt!" — und stürzte an der Tragbaare, auf welcher ihr Geliebter mit dem Tode ringend lag, erstarrt nieder. „Todt!" rief sie, und rafte sich mit Hülfe des anwesenden Arzts auf.

„So rede doch, Mensch, ich bitte dich, so rede doch! warum ist denn dieser todt?"

Mit der Kaltblütigkeit eines Spielers, der einen unerfahrnen Jüngling so eben bis aufs Hemd ausgezogen hat, antwortete dieser: Fassen Sie sich, Fräulein, fassen Sie sich! und zuckte, als hätt' Er ihn gemordet, zweideutig die Achseln.

„Ist denn alles Erbarmen aus der Menschheit entflohn?"

Hieher, unter diese Familie, denke dich, Leser, Leserinn, wenn du ein Mensch bist, und ein menschliches Herz hast, wenn du Gefühl für Menschenwürde und Werth hast, und schaue eine Scene an, die einen Nero oder Kaligula zum Urheber verdient hätte! In des Zimmers Mitte sieh' auf einer Tragbaare Adolfen, in seinem Blute, blaß und ganz entstellt, röchelnd sterben! zu seinen Füßen die Mutter, vor Schrecken und

Schmerz sprachlos, knien! — zuweilen wagt sie es, einen Blick auf den sterbenden Sohn zu werfen, und neuer Schrecken schlägt sie darnieder. — Sieh den ehrlichen Vater im Sessel sein Silberhaar zerraufen, mit den Füssen stampfen! hör' ihn vor Verzweiflung brüllen, und den Tirannen, der dies angerichtet, in der Hölle tiefsten Abgrund verwünschen! Sieh' Elisen, das weichgeschafne Mädchen, an Adolfs Lager, wie sie trostlos seine Hand hält, und vergebens Leben und Sinne zurükflcht! Sieh von des Gesindes rauhen Wangen Thränen rollen — und endlich den Hausarzt den Sterbenden mit einem Kennergesicht beschauen, und über den Vorfall, als einen Kasus, der in seiner Praxis noch nicht vorgekommen, nachdenken! Sieh' endlich seine Seele Adolfen zu dem, der einst ihn und seinen Mörder richten wird, krämpfend aushauchen, die Mutter aufs neue dahinsinken, den Forstmeister aber sich erhohlen!

Gefaßt stund dieser auf, nahm Elisen in seine Arme, sezte sich neben sie auf einen Sopha, und that ihr folgende Erklärung: „Mädchen, du warst würdig meine Tochter zu werden, — aber meine und deine Hofnungen sind dahin, der Stolz meines Alters, und die Freuden deiner Jugend sind gemordet, bübisch elendiglich gemordet! hier liegt er entseelt — mein einziger Sohn! kein wildes Thier hat ihn zerrissen, keine Kugel hat ihn getödtet, er ist nicht vom Pferd gestürzt — nein! Elise! grausam, elendiglich, wie einen Sclaven hat ihn der Tirann gemordet! Unter unbarmherzigen Streichen, wie man sie keinem Hunde giebt, starb mein Adolf, weil er eine Hündin, als er selbst in Gefahr war, von einem wüthenden Eber verwundet zu werden, zu früh los ließ. Für das Leben eines Hundes büßt dieser Adolf mit dem seinigen. Vergebens knieten wir zu seinen Füssen, und flehten nicht Gerechtigkeit, nur Gnade; hielten vor die Rechte eines freien Bürgers, eines Edelmanns, hielten die Rechte der Menschheit vor, — aber vergebens! „Schlagt zu!“ war die Antwort. Vorhin, meine Tochter, weintest du als Geliebte, jezt wein' als Mensch!“

Du schauderst, menschliches Herz! aber schaudre nicht! Er ist, wie die Leib= und Wund= ärzte einstimmig versicherten, an einem Steck= und Schlagfluß gestorben.

Dürfen Fürsten in deiner Schöpfung so hausen, Regierer der Dinge! — die Halme ist reif, und neigt sich dem Schnitter entgegen: die Erndte ist nahe. —

———————

3.

An diesem Hofe behaupteten die Hunde unter al= len Höflingen den ersten Rang, weil sie am besten schmeicheln konnten.

Einmal wollte sich die Günstlinginn des Fürsten, als sie eben seinem Schoos entschlüpft war, in der freien Luft charmiren. In dem Au= genblick fand die muthwillige Bestie kein sauq=

licheres Sujet zum Spiel ihrer Laune, als einen
vorbeiwehenden Friseur, und biß ihn mir nichts,
dir nichts, in den Rest seiner Waden. Der arme
Mensch erschrak anfänglich; dachte aber, wie in
diesem Fall jeder kluge Mann würde gedacht haben, es sey ein Hund, und wollte seinen Weg
fortsezen. Diese aber sezte ihren Schabernak so
lang fort, bis er, wahrscheinlich von ihrem Stand
und der ihr gebührenden Hochachtung noch nicht
unterrichtet, mit all seinem Wehr und Waffen,
einem Frisier-Kamm, auf sie losgieng. Der
Streit wurde auf beiden Seiten ernsthafter, jedoch nicht blutig: der Friseur siegte endlich, und
heulend zog die Ueberwundene ab. Kaum war
jener um die Ecke, und hatte seinen Sieg bereits
vergessen, als er auf die unerwartetste Weise
daran erinnert wurde. Er wurde auf unmittel-
baren Befehl des Fürsten arretirt, und auf die
Hauptwache gesezt, wo er zwei Tage lang Muse
hatte, sein Schiksal mit Angst und Sorgen zu erwarten. — Rathet einmal, meine Leser, mit was
er sich frei machte! —

Mit wiederhohlten Betheurungen seiner Un=
wissenheit, daß es des Fürsten Hündinn gewesen
sey. Was doch Fürsten für Spaßvögel seyn
können!

4.

Der Adel.

Tacet: und wartet der Dinge, die da
kommen sollen!

5.

Beamte.

In einem der Fürstenthümer Deutschlands —
Biederkeit und Ehrlichkeit zeichnet den Karakter
seiner Einwohner, und Seegen und Fruchtbarkeit
seine Auen und Thäler aus — erhebt eine Familie
seit ungefähr dreisig Jahren ihr Haupt hoch über
andre empor. Man heißt sie nur die Haasen=
Familie. In jeder Vallei sizt einer oder zween

dieser Haasen, in jedem Amt ein Haase, als Amt=
mann oder Oberamtmann, den besten Pfarrdienst
hat ein Haase, und noch ganz junge Häschen wer=
den den Händen derjenigen, welche sie treßiren,
entrissen, um eine Rolle spielen zu lernen. Der Flor
dieser Haasenfamilie soll seine Entstehung einem
Haupt der Haasen zu danken haben, welcher einem
sehr vornehmen Bock mit einem — ehmals grossen
Bart, eine fremdartige Ziege, die unter keine
Klasse zu bringen war, abgenommen haben soll,
um sie der Haasenschaft einzuverleiben. So lange
der Bock noch zu sprechen hat, haben es die Haasen
gut, wenn sie es nicht zu bunt machen: aber wehe!
Ihnen, wenn der Wolf zur Regierung kommt,
welcher bereits, weil keine jungen Böcke vorhanden
sind, die Anwartschaft darauf hat: sie zittern auch
alle vor dem blosen Gedanken. Man erzählt, daß
einer davon, dem auch das einzige Verdienst seiner
Haasenschaft zu einem Amt verholfen, in einer Ge=
sellschaft, als durch Zufall von der künftigen Regie=
rung unter dem Wolf die Rede wurde, vor Schrecken
habe ein Glas Wein auf die Erde fallen lassen.

Ein andrer — der Flor der Familie war noch im Knospen — sollte Theologie studiren, machte aber schlechte Streiche, und erhielt das Consilium abeundi. Er reißte nach E....n, verliebte sich in den Beutel einer verheuratheten Dame, und wurde von dieser, und vermöge ihrer Fürsprache, auch von jenem erhört. Nachdem er, von beiden unterstüzt, die Rechte ausstudirt hatte, oder, nachdem drei Jahre um waren, starb der gehörnte Gegenstand, an welchen seine Geliebte und Wohlthäterin bisher äusserlich gefesselt war, und mit ihm — das einzige Hinderniß, das unserm Haasen inzwischen im Wege gestanden hatte, sich zum unumschränkten Herrn von den Dukaten und Karolinen der Frau Pedellin zu machen. Sie war leicht zu bewegen, ihn in sein Vaterland zu begleiten, und sich der sämmtlichen Haasenschaft, welche inzwischen durch das obenerwähnte Mittel empor gekommen war, vorstellen zu lassen. Da er Geld hatte, und — ein Haase war, so wurde es ihm leicht, eine der besten Oberamteien davon zu tragen. Der nunmehrige Oberamtmann dedicirte

dem Kaiser Joseph II. eine Schrift, und bewies
ganz klärlich, daß Sr. Majestät —— Kaiser seyen.
Die Dedikation hatte die gehofte Wirkung; der
Verfasser erhielt, gegen Erlegung des Taxes von
einigen Tausend Gulden den Adelbrief mit drei
Ahnen. Zwischen dem Kavalier und Oberamtmann war noch eine Lücke; diese füllte der Fürst,
præstita taxa, aus angestammter Gnade und Huld
mit dem Regierungsraths-Titel aus, und — wer
war glüklicher, als unser Haase? Ein Amt von
beinahe dreißig Dorfschaften, Regierungsraths-
Karakter und Rang, Adelsbrief und Geld! Was
will ein Sterblicher weiter? Er führte Fürstlichen
Aufwand, gab Suppee's, Konzerte und Bälle,
und metamorphosirte das einfältige Landstädtchen
in eine Residenz.

Alles Ding hat seine Zeit! so dauerte auch
diese Herrlichkeit nur so lange, als die Schatulle
der Frau Regierungsräthin ergiebig war. Bald
gieng es dem kleinen Fürsten, wie es auch grossen
zu gehen pflegt; die Revenüen blieben aus, und

durch das öftere Umsehen nach Succurs geriethen
die freiherrlichen Finanzen so in Unordnung, daß
selbst die so erfinderischen Finanzräthe des Herzogs
von Orleans würden die Achseln gezukt haben.
Noch ein Schiksal hatte der gute Mann mit re-
gierenden Häuptern gemein. Die Liebe zu seiner
Gemahlin schmolz mit ihren Goldfüchsen, und
täglich drangen sich ihm neue Gründe auf, zu
wünschen, daß er ihrer los wäre. Diesem Uebel
war natürlich eher abzuhelfen, als dem ersteren:
man konnte — sich schadlos halten, oder sich scheiden lassen, und eine andre freyen.

Nun wurde spekulirt, wie zwei Fliegen mit
Einer Klappe könnten geschlagen werden, und
das Mittel wurde gefunden. Im Städtchen
wohnte ein Rath, der Geld und eine junge Tochter
hatte. Man hatte diesen schon längst der nähern
Bekanntschaft gewürdigt, weil er sich dazu verstanden hatte, sieben tausend Gulden baar Geld
nach und nach vorzuschiessen: jezt wurde auch
Bekanntschaft mit der Tochter gemacht, und ---

siehe! sie war nicht spröde. Konnte sie sich ein
grösser Glück träumen lassen, als Regierungs-
räthinn zu werden? Und sah ihr Vater einen andern Ausweg, bezahlt zu werden, als wann er die
Summe vom Heurathsgut abzöge? Lieschen
wurde fetirt, erhielt Geschenke, und konnte sich
eines Liebhabers rühmen, den die dunkelste Nacht
nicht abhielt, sie zu besuchen: und — was noch
schöner war, der Alte wurde kirre, und schloß
Kisten und Kästen auf.

Die wirkliche Frau hatte sich zwar das Verdienst um ihren Gemahl erworben, daß er ohne sie
Tambour oder Federnknecht geworden wäre, aber
ein weit grösseres würde sie sich erworben haben,
wenn sie gestorben wäre. Weil nun ihre Liebe zum
Leben stärker war, als die zu ihrem Gemahl, so
wußte sich dieser nicht anders zu helfen, als — —
er ließ sich scheiden. Sobald er sich frei fühlte, so
hätte er auch gern seine Freiheit genossen, und nach
seiner Herzens-Neigung gewählt; allein der alte
Rath wollte nicht mehr dem Regierungsrath, son-

dern dem Tochtermann borgen: es blieb also für
diesen nichts übrig, als zur Heurath sich zu verstehen. Spottvögel wollten noch eine physische
Ursache, warum das Beilager beschleunigt worden, entdekt haben, aber es war lauter Spott und
Kalumnie; denn der Herr Bräutigam hatte sein
Gutes in jenem Leben genossen, und war bereits,
um das Bild der Gerechtigkeit in den Amts-
und Gerichtsstuben in natura vorstellen zu können, — halb blind.

Die neue Frau faßte den Vorsatz, das Glück,
die Gemahlin eines Edelmanns und Regierungsraths, und die zweite *) Dame im Städtchen zu
seyn, recht behaglich zu geniessen, und nahm sich
deswegen der Haushaltung, den Weinkeller ausgenommen, über den sie sich die Aufsicht vorbehielt,
lediglich nichts an. Ihr Gemahl fand für gut, sich
in seinen Amtsgeschäften besser zu orientiren, und

_____

*) Die Wittwe eines Präsidenten und Anverwandtin
   der Fürstinn, privatisirte eben daselbst.

fand zu seinem Vergnügen, daß, wenn er die Amtsführung einem tüchtigen Substituten überließe, er noch ein Metier, das einträglich wäre, darneben treiben könne. Die Wahl fiel auf die Handlung. Die Einfuhr der Waaren bestand in Kühen, Kälbern, Hühnern, Gänsen, Schweinen, Pferden, Haasen, Rehen, Eyern, Butter, Flachs, Tuch, Leinwand, Holz, Laubthalern, Dukaten, einfachen und doppelten Karolinen; und die Ausfuhr — in Voten, Rechtssprüchen und Rekommendationen.

Der Herr Prinzipal hatte sich keiner vorzüglichen Geistestalente zu rühmen: er ließ sich zum Beispiel, wann er Karten spielte, ganz willig unter einen tiefhangenden Spiegel sezen: aber in Handels-Geschäften konnte man ihm den spekulativen Kopf nicht absprechen. Eine Anekdote mag dies beweisen.

Der Organisten-Dienst wurde vakant. Der Collaborator an der lateinischen Schule, der schon längst auf Zulage zu seiner Besoldung gedrungen hatte, war zwar immer auf den Tod des alten Organisten vertröstet worden: dem ungeachtet ließ sich ein junger Lehrer an der Mädchenschule, welcher freilich kein so gründlicher Musikus, als sein Rival, aber von sich eingenommener und dabei ein geschmeidigerer Speichellecker war, bei= gehen, bei Herrn Regierungsrath anzufragen, ob Er sich nicht Hofnung zu machen hätte.

„Mein lieber Herr Provisor" *) schnarrte der Patron in ein Eck des Zimmers, gerade dem gegenüber, worinn der Schulmonarch stand: Er wird wissen, daß es dem Collaborator **) wie ver= sprochen ist.

Prov. Ich habe davon gehört, Herr Regie= rungsrath, aber es geschahe nicht förmlich, und, als ich noch nicht hier war. Ich bin bereit, mich auf der Orgel und auf dem Klavier hören zu las= sen, und es mit dem Collaborator aufzunehmen.

---

*) Unterlehrer an einer deutschen Schule.
**) Unterlehrer an einer lateinischen Schule.

R. Rath. Ich habe dagegen nichts einzuwenden: allein der Collaborator ist schon lange hier, und Er ist ein Fremder: — ich glaube beinahe, wenn ich auch wollte, so würde ich bei der Wahl mit meinem Vorschlag nicht durchsezen.

Prov. Erlauben mir der Herr Regierungsrath gütigst, ich glaube, wenn der Herr Regierungsrath der Meinung wären, daß ich zu dieser Stelle taugte, kein Mensch Dero Dafürhalten zu widersprechen sich unterstehen würde: und ich selbst würde gewiß Dero gütiges Zutrauen auf alle mögliche Art zu verdienen suchen. Geben mir der Herr Regierungsrath nur Gelegenheit, meine Devotion thätig zu beweisen! Ich habe auch vergessen, am neuen Jahre mich meiner Schuldigkeit gemäß einzufinden und es inzwischen auf eine schikliche Gelegenheit verspart: ich bin jezo so frei, es nachzuhohlen, und mit diesem wenigen mich in Dero Protektion gehorsamst zu empfehlen.‘‘

So schlecht und zerrüttet die Sehenerven des Regierungsraths waren, so fein war sein Gehör, vermittelst deſſen er die Entſtehung des Akkords, der jezt ſein Ohr küzelte, ganz leicht aus dem vereinten Klang zwoer vollwichtigen Dukaten erklären konnte. Ein Sonnenſtrahl, der von ungefähr auf das Tiſcheck fiel, beſtätigte den Augen den rechtmäßigen Ausſpruch des Gehörs.

Reg. Rath. Mein lieber Herr Proviſor, ſey Er verſichert, daß ich für meinen Theil thun will, was ich kann, aber bedenke Er, der Collaborator hat auch ſeine Verdienſte!

Der Proviſor verſtand den Wink und gieng hinab, gerechtfertigt, in ſein Haus. — Nachdem der Regierungsrath die Dukaten, um ſich auch durch den Sinn des Gefühls von ihrer Vollwichtigkeit zu überzeugen, auf der Hand gewogen hatte, lies er augenbliklich den Collaborator rufen.

Reg. Rath. Herr Collaborator ich müßte mich ſehr irren, oder Er hoft, Organiſt zu werden.

Collab. Das hoffe ich auch, und zwar wie ich glaube, mit dem größten Recht: die Stelle ist mir versprochen; und ich bin schon lang darauf vertröstet worden.

Reg. Rath. Das weiß ich! aber damals war der Mädchen Provisor noch nicht hier, und Er wird wissen, wie allgemein beliebt dieser hier ist.

Collab. Ich will nicht hoffen, daß mir dieser im Wege seyn wird. Ich spreche ihm seine Kenntnisse nicht ab, aber mein Gewissen sagt mir, daß ich das Aemtchen eher verdiene, als er.

Reg. Rath. Sey Er doch ruhig, mein lieber Mann! davon ist ja gar die Rede nicht: nur wollte ich wohlmeinend rathen, sich vorzusehen; denn man kann nicht wissen, wie es geht! allzusicher muß Er nicht seyn! die Dinge drehen sich oft ganz wunderbar. Der Provisor — im Vertrauen sag ich's Ihm — war vor einer Stunde bei mir, und hat sich förmlich um den Organisten-Dienst gemeldet. Ich habe ihm zwar erklärt, daß man den ältern verdienten Mann dem jüngern Fremden nicht vorziehen könne: aber ich glaube schwerlich, daß sich der Mädchen-Provisor dadurch von seinem Vorhaben wird abwendig machen lassen.]

Collab. Ich verlasse mich auf die Gerechtigkeit meiner Sache, und — empfehle mich.

Er wanderte festen Vorsazes nach Hause, auf den Schrecken — ein Glas Wein zu trinken, und während dieser Halsarbeit mit seiner Ehehälfte zu deliberiren, was in vorliegendem Fall anzufangen sey. Diese kam ihm auf der Treppe schon entgegen gerannt, und warf die Frage herunter: weist du was Neues?

Er. Mehr als mir lieb ist. Füll mir doch einen Krug mit Wein!

Sie. So laß dich doch halten! weist du denn auch, daß der rothhaarige Spizbub, der Mädchenprovisor, Organist werden will?

Er. Das Wollen kann man niemand verwehren. Liebchen, hohl doch Wein!

Sie. So? und du willst dir das Brod vorm Maul wegnehmen lassen, und dir ists doch versprochen.

Er. Das weis ich, und verlasse mich darauf. Hohl Wein, sag ich, daß man vernünftig von der Sache sprechen kann!

Sie. Heut war er schon beim Regierungsrath, und hat zwei Dukaten Präsent gemacht.

Er. So? da sitzt der Haas' im Pfeffer! nun geht mir ein Licht auf. — Woher weist du aber dies?

Sie. Je nun beim Michel hat er die Dukaten gewechselt, und gleich darauf ist er mit fort.

Er. Vor allen Dingen hohl Wein! Es kann noch Rath werden.

Es wurde auch Rath, und wahrhaftig der klügste, den man ersinnen konnte. Er gieng wieder zum Regierungsrath, legte zwo Karoline in den Opferstock, und erhielt das Ehrenwort: ihm soll Gerechtigkeit widerfahren. Der Provisor erfuhr dies nur einen Tag vor der Wahl. — Zu versäumen war nichts mehr, vielweniger konnte er ganz-renonciren, da er es sich schon zwo Dukaten hatte kosten lassen. In der Eile fiel ihm nichts bessers bei, als auf das bewußte Tischeck noch drei Dukaten zu legen, und siehe! es war nicht vergebens: auch Er erhielt die Versicherung, ihm soll — Gerechtigkeit widerfahren.

Sie widerfuhr einem, wie dem andern. Der Collaborator wurde, wegen seinen — bisher zur Zufriedenheit eines hochlöblichen Stadtmagistrats geleisteten — Diensten, zum Vormittags — und der Provisor, wegen seinen musikalischen Kenntnissen und seiner bisherigen guten Aufführung zum Nachmittags-Organisten ernannt.

So bald der würdige Themispriester als dieser spekulirende Kopf bekannt wurde, war es sehr natürlich, daß sich, bei Gelegenheit, ergiebige Quellen, als spekulationswürdige Gegenstände, von selbst anbothen. Nach dem Ausspruch des Menschenverstandes und der menschlichen und bürgerlichen Rechte war, die Waare, mit welcher gehandelt wurde, freilich Kontreband: aber, theils die Erinnerung, ähnliche Waaren einst für sein Geld gekauft zu haben, theils das Beispiel seines gnädigsten Landesherrn, zerschlugen die Zweifel, die einem engen Gewissen hätten aufsteigen können, und getrost ließ er sich für den Vorsitz bei einer Stadtschreibers-Wahl 300 fl. bei einer Präceptors-Wahl 500 fl. — bei einer Schultheißen-Wahl 60 bis 100 fl. bezahlen.

Auf diese Art war es dem begüterten Faullenzer ein Leichtes, ein Aemtchen und Titel zu erhalten, und seines Geldes mit Anstand los zu werden. Dem Armen, Fleißigen und Gewissenhaften blieb nichts übrig, als — zu warten, oder, nach Beschaffenheit seines Lungensystems, über Ungerechtigkeit zu schreien. Wirklich schrien sich mehrere — sie hätten sich gern Patrioten nennen lassen wenn sie jemand so genannt hätte — fast schwindsüchtig, bis man sie hörte. Einige Gemeinden protestirten förmlich gegen die Wahl ihrer Pfarrer und Schultheissen, und drangen auf eine Untersuchung von Seiten der fürstlichen Regierung. Aller Mittel ungeachtet, die man anwandte, die Schreyer in Güte zum Schweigen zu bringen, — (man stellte ihnen vor, der Regierungsrath könne nicht lange mehr leben: man applizirte goldne Schlüssel und Schlösser, die aufgesperrten Mäuler zu beschliessen —) mußte sich die fürstliche Regierung bequemen, Zween aus ihrer Mitte als Commissarien abzusenden.

Sie visitirten die Registratur: gerechter Himmel! wie sah es hier aus? Das Staatsarchiv zu Abdera, wo man alle Akten finden konnte, nur nicht die, welche man suchte, war — eine Orgel dargegen. Die Kasse? Puh! federleicht. Und, als es zur persönlichen Untersuchung kam, als man Stirne gegen Stirne verhärte, wie hoch belief sich die Summe von ungerechten Einnahmen in einem Zeitraum von vier und zwanzig Jahren? Auf 42000 fl. sage, zwei und vierzig tausend Gulden! — Ein verdienstvoller junger Mann, zu dem jedermann das Zutrauen hat, er werde noch in Ordnung bringen, was in Ordnung zu bringen ist, wurde sein Nachfolger. Das ganze vaterländische Publikum, die Haasenfamilie ausgenommen, ist über diese Amtsbesezung doppelt erfreut, da es seit undenklichen Jahren die erste Oberamtei seyn soll, die nicht bezahlt worden ist.

6.

In einem .... schen Dorfe verheurathte sich ein junger Bauer mit einem Bauermädchen aus dem nächsten Flecken. Er war ein schlanker, flinker Bursche, hatte ein unverschuldetes Haus, und so viel Güter, sich, seine Frau, den künftigen Kindersegen, und ein paar Kühe hinlänglich zu ernähren, und überdies ein Paar starke, zur Arbeit gewöhnte

Arme: Reize genug für ein Mädchen, das auſſer hundert Thalern nichts, als einen ſchöngebauten und geſunden Körper, ein paar ſchwarze Augen, und — einen Proceß hatte! Hätte ſie und ihre Mutter den Menſchenverſtand zum Advokaten und Richter gewählt, ſo wäre ihr Proceß längſt gewonnen geweſen. Da ſie ſich aber an einen rothberokten Doktor und Beutelſchneider in der Stadt, und an den Herrn Amtsvogt wandten, ſo hatten ſie es ſich ſelbſt zuzuſchreiben, daß ihr Handel, vieler bezahlten Unkoſten ungeachtet, noch im weiten Felde ſtand.

Wenn du, lieber Leſer, kein Advokat und kein Richter biſt, und du, Leſerinn, keinen Advokaten oder Richter zum Mann, Bruder, Sohn, oder Geliebten haſt, ſo will ich euch um drei Jahre zurükführen, und getreuen Bericht vom wahren Verhältniß der Sache abſtatten.

Ein begüterter Wirth hatte dem Mädchen einen Weinberg, der ihr mit dem väterlichen Ver-

D

mögen zugefallen war, abgekauft, und war ihr
noch dreihundert Gulden schuldig. Eines Tages
kam er zur Mutter, überbrachte Interesse, und
machte zugleich den Antrag, die Tochter zu heurathen. Lenchen wurde auch um ihre Gesinnung befragt, und hatte nichts gegen den Bräutigam einzuwenden. Sie verlobten sich in Gegenwart der Mutter, eines Vetters der Braut, und
eines Bruders vom Bräutigam. Wie vom Wonne-
gefühl über den Besitz eines so schönen Mädchens
ergriffen, rief der Wirth aus: nun hab ich meine
Gläubigerinn selbst: nicht wahr? nun erläßt du
mir doch die Zinsen?

„ Und das Kapital darzu! “ erwiederten
Mutter und Tochter zugleich, indem leztere zu
einem Schrank hüpfte, und den Schuldbrief her-
vor langte.

Der Wirth zog das schäkernde Mädchen auf
seinen Schoos, umschlang sie mit dem rechten
Arme: „ wir sind also quitt, Lenchen? “ fragte
er, und raubte einen Kuß.

„Freilich!" antwortete sie, und sah verschämt nieder.

„Nun so reiß den Bettel entzwei."

Die Braut riß an dem Einen, und der Bräutigam an dem andern Eck des Papiers, und sintemal und allbieweilen die Kraft, welche die einzelnen Theile des Papiers zusammenhielt, zu den zwei Kräften, die eine entgegengesezte Tendenz derselben bewürkten, sich verhielt, wie ein zerreißbares Objekt zu einem zerreissenden Subjekt, so ereignete es sich, — versteh mich wohl lieber Leser! — und trug es sich zu, daß der Schuldschein — zerriß. Die Hochzeit würde ohne Zweifel mit nächstem vollzogen worden seyn, wäre des Wirths Magd nicht so voreilig gewesen, einen augenscheinlichen Beweiß von der Ehestandsfähigkeit des Wirths öffentlich mit sich herumzutragen. Da weder die Braut noch ihre Mutter Philosophie genug besaßen, sich über diesen Umstand hinwegzusezen, sondern den inkonsequenten

Schluß machten: wer seiner verstorbenen Gattin und seiner neuen Braut untreu zu werden fähig sey, sey auch fähig, seiner lebenden Gattin untreu zu werden: so wurde der Vetter an den Wirth abgeschikt, ihm anzukündigen, daß er eine Frau suchen könne, wo er wolle, und daß er zur Zurükbezahlung des Kapitals von drei hundert Gulden noch ein Vierteljahr Zeit habe. Des Wirths Antwort war kurz gefaßt diese: seine gewesene Braut könne ihre drei hundert Gulden unter dem Tische suchen, unter welchen er die abgerissenen Stücke des Schuldbriefes geworfen habe; könne sie dort nichts finden, so soll sie warten, so lang — sie wolle.

Jezt, du kostbares Gut auf diesem Erdenrund, aber verkannt, wie die Wahrheit! du Fremdling unter den Dächern der Gelehrten und Weisen der Nationen, aber einheimischer in der Hütte der Naturkinder und Landbewohner, hochverehrter Menschenverstand! sieh das Opfer, das dir ein Sterblicher bringt, mit Gnadenaugen an, und

belohne sein Vertrauen auf deine Gerechtigkeit mit
einem Ausspruch, ob das Mädchen zu ihrer Fo-
derung berechtigt gewesen sey. — Ich sehe, du
lächelst, daß man dich so etwas fragen kann, bist
aber doch so gut, weil du schon abgeschmakter hast
fragen hören, und antwortest mit: Ja!

Nicht so der Amtsvogt, bei dem der Vetter in
des Mädchens Namen Hülfe suchte. „Kommt
ein andermal wieder, ich hab jezt schlechterdings
keine Zeit, euch Bescheid zu geben!" erklang es
aus des Friedenrichters Munde, während aus
dem Nebenzimmer eine Baßstimme einmal um das
andere brummte: der Skarr liegt! — Der Vetter
kam den andern Tag wieder. „Ja! mein lieber
Mann, eures Bäschens Sache steht schlecht:
wenn der Wirth läugnet, so könnt ihr ihm nichts
beweisen.

Vetter. O! Herr Amtsvogt, freilich nicht
schriftlich, aber mit den Zeugen im Wirthshause,
als er meinem Bäschen sagen ließ, sie solle ihr

Geld unter dem Tische bei den abgerissenen Stücken suchen, und, dünkt mich, mit den abgerissenen Stücken selbst.

Amtsv. Beweißt's all nichts. Eure Sache muß den Lauf des Rechtens gehen: ich wollt' euch rathen, den Herrn Doktor N. in der Stadt zu eurem Beistand zu erwählen. Wenn ihr wirklich das Recht auf eurer Seite habt, wie ihr meynt, so werdet ihr auch Recht erhalten.

Vetter. Herr Amtsvogt, vorm Processiren hab ich mich mein Lebetag gehütet, wie, mit Verlaub zu sagen, vorm leibhaftigen Teufel: denn

durch Proceß und Lotterie

verliert der Bauer sein Geld und Vieh! aber diesmal, wenn der Wirth mir drei hundert Gulden schuldig wäre, wollt ichs wagen. Doch ich meyne, Herr Amtsvogt, die Sache braucht kein processirens: es liegt ja am Tage —

Amtsv. Euch vielleicht, aber uns nicht, folgt meinem Rathe! wenn ihr so offenbar Recht habt,

so gewinnt ihr euren Proceß, und euer Gegner
muß euch alle Unkosten bezahlen. Seyd ihr aber
eurer Sache nicht völlig gewiß, so vergleicht
euch lieber, wozu ich herzlich gern die Hände
bieten will.

Vetter. Ich will doch sehen, ob noch Gerechtigkeit im Lande ist! wo wohnt der Dokter in
der Stadt?

Amtsv. Bei der Hauptkirche.

Vetter. Adieus, Herr Amtsvogt! — (geht ab)

Da Advokat und Richter mit einander ein-
verstanden waren, wie in einem gewissen Lande
Todtengräber und Aerzte, und der Wirth nicht un-
terlies, den rechten Schlüssel zu beider Herzen zu
appliciren, so war es kein Wunder, daß drei
Jahre verflossen waren, als eine Parthie so weit
vom Ziele entfernt war, als die andre.

Der Plan des Amtsvogts war, des Wirths
Schurkerei zu begünstigen; wenn er zwölf Karo-

line wandern ließe. Und gewiß wäre mit Frau
Themis, verbundenen Angedenkens, Blindekuh
gespielt worden, (ein Lieblingsspiel dicker Raths=
herrn und Rechtsgelehrten! soll auch ungemein
zur Verdauung beitragen) wofern nicht ein Um=
stand gewesen wäre, den die schöne Klägerinn
ganz zu ihrem Vortheil hätte benuzen können,
wenn sie gewollt hätte, und der wirklich schon
mancher Parthie zu ihrem Recht verholfen hat.
Der Amtsvogt hatte die sonderbare Gewohnheit,
daß er des Nachts nicht schlafen konnte, wann er
zuvor ein schönes Mädchen gesehen hatte; und
seine Ehehälfte, oder, mit dem wizigen Izehoer
braunen Mann zu reden, sein Ehedrittel, war
nicht dazu geschaffen, diesem beschwerlichen Natur=
fehler vorzubeugen. Das Bauermädchen, sey es
nun aus angestammter Schüchternheit, oder daß
sie es wußte, wie wenig feuerfest der Amtsvogt in
diesem Punkte sey, hatte lange Zeit immer Ent=
schuldigungen vorgeschüzt, wann der Amtsvogt sie
zu sprechen verlangte; da sie sich aber nunmehro
außer dem Ort verheurathete, machte sie ehren=

halber Brautvisite. Zugleich empfahl sie ihren
Proceß der Betriebsamkeit ihres Richters, und
bath, einem armen, wehrlosen Mädchen ihr weni=
ges zu erhalten.

Der Bräutigam lies ein Paar voreilige Worte
mit einfallen, denen der Amtsvogt schlechterdings
keine erspriesliche Deutung zu geben wußte: er
sehe jezt den Prozeß seiner Braut als seine Sache
an, und es würde ihm leid seyn, wenn er die
Sache weiter kommen lassen müßte — u. s. w.
Das Mädchen hatte ihre Sache so warm und so
verführerisch empfohlen, daß Minos und Rhada=
mant selbst die Augen würden niedergeschlagen ha=
ben, was Wunder? daß der Amtsvogt von seiner
Maladie überfallen wurde, und, des starken, als
Präservativ zu sich genommenen Schlaftrunks un=
geachtet, kein Auge zu thun konnte. Legte er sich
auf den Rücken, so malte ihm die Phantasie das
Glück, welches des Bräutigams harrte, mit der
lebhaftesten Farbe vor: legte er sich auf das Ge=
sicht, so drükte ihn die unerwartete Drohung, wie

eine Indigestion: zur linken Seite stand ein Tisch
mit Akten, bei deren Anblick ihn jedesmal Reiz
zum Erbrechen anwandelte: und auf der rechten
war er in Gefahr, die Hände an den knochichten
Extremitäten seiner privilegirten Lebens- und Bett-
gefährtin zu zerstossen.

Wahrhaftig eine bemitleidungswürdige Lage
für einen Mann von Fleisch und Blut! Ein
Mittel wäre noch übrig gewesen, das ihm aber
zum Unglück nicht einfiel, ein Mittel, dem sich der
weiland mächtige König Ahasveros selbst in einem
ähnlichen Fall unterwarf, nehmlich eine Kronik,
oder ein detto zur Hand zu nehmen. Giebts doch
dergleichen Schlafbefördernden Dinger, Dank
sey es der Leipziger Messe! genug; und hätte der
Pastor loci seine Predigten drucken lassen, oder
die Manuscripte aufgehoben, so würde dieser, auf
Begehren, mit Vergnügen aus der Noth geholfen haben. So aber blieb ihm nichts übrig, als
aufzustehen, und seinen Friedrich zu sich zu
rufen.

Dieser Mensch ließ sich, wie ein Hofmarschall, zu allen Kommissionen gebrauchen, wodurch die Bande, an denen er seinen Herrn gefesselt führte, fester werden konnten. Den Akten= und Rechnungs= tisch seines Herrn in Ordnung zu bringen, war ihm, der Kopf hatte, und eine gute Hand schrieb, — zwei Dinge, die, nebst einer Dosis Zudringlichkeit, jedermann durch diese sublunarische Welt helfen! — eben so leicht, als Gläser zu reinigen und Wein zu zapfen; und die Wünsche seines Herrn in dessen Augen zu lesen, nicht schwerer, als sich bei Be= friedigung derselben unentbehrlich zu machen.

Friedrich kam, bereit, seines Herrn Befehle zu vernehmen.

Amtsv. Friedrich, ich kann wieder nicht schlafen!

Friedr. Das thut mir leid.

Amtsv. Sag' er ums Himmelswillen, was ich anfangen soll: es ist mir nirgends wohl!

Fr. Wenn Ihnen an meiner troknen Unter=
haltung nicht genügt, so weiß ich keinen Rath,
als ein Schlaftrünkchen zu sich zu nehmen.

Amtsv. Hab schon genommen: hilft all nichts.
Opium will ich kaufen — Opium!

Fr. Haben sich etwa der Herr Amtsvogt über
etwas alterirt?

Amtsv. Kann mich nicht entsinnen.. —

Fr. Geht etwa der Reuterische Proceß
nicht nach Wunsch?

Amtsv. Hat mir bisher wenig Kummer ge=
macht: — aber der Bräutigam der Reuterin
hat den Teufel im Leib — denk Er doch wie im=
pertinent! der Kerl schwazte von — weiter treiben,
und es sollte ihm leid thun, wenn... Gott weiß,
was er will; die Unverschämtheit ärgert mich nur.
Meinem Vater hätte so einer kommen sollen, der

hätte drei Tage ins Hundeloch gemußt ohne Gnade und Pardon, — und das von Rechtswegen! denn Zucht muß seyn, und der Bauer soll Respekt haben! — aber ich weiß nicht, was das für Zeiten sind! heut zu Tag getrauete ich mirs nicht. Die Esel schreien gleich, als ob man sie am Messer hätte, wann man ihnen durch den Sinn fährt, und den Ernst zeigen will. — Und die Hexe, die Reuterinn, wo die das Maul hergekriegt hat: noch saußt mirs im Kopfe herum. (traulich) Die ist auch ihren Liebhaber werth!

Fr. Habs selbst gedacht, wie sie die Treppe herunter kam.

Amtsv. — Still! mein Brummbär wird sonst wach, wenn es auf dies Kapitel kommt. —

Fr. Der Herr Amtsvogt sind doch auf die Hochzeit geladen?

Amtsv. — Eingeladen und nicht eingeladen. Die Hochzeit ist nicht hier — und über Feld zu reiten, ist zu weitläufig, und fällt auf.

Fr. Eine schöne Braut ist immer ihren Ritt werth: wäre ich nur geladen, ich käme gewiß.

Amtsv. Friedrich, nichts ist mir bei einer Hochzeit unausstehlicher, als wann Braut und Bräutigam mit funkelnden Augen gute Nacht wünschen, und unser einer mit einer langen Nase das Nachsehen hat.

Fr. .... — und zu den Hörnern höhnisch Glück wünscht, die man ihm aufzusezen fest gesonnen ist. — Wäre ich an Ihrer Stelle, Herr Amtsvogt, den fetten Bissen ließ ich nicht fahren. Freilich der Proceß würde alsdann eine andere Wendung bekommen.

Amtsv. Das ist eben die Sache!

Fr. Sie haben ja sonst zwölf und mehr Karoline für ein Plaisir aufgeopfert, und ob bei diesem Handel so viel zu gewinnen, ist noch nicht ausgemacht. Heut vor Mittag war ich beim Wirth fondiren, und er machte ein gewaltig schief Maul, als ich von einem Duzend sprach.

Amtsv. Was will doch der Tropf weiter? Ohne mich müßt' er ja dreihundert Gulden und die Unkosten oben drein bezahlen.

Fr. Erlauben der Herr Amtsvogt, so unrecht hat er doch nicht: viel profitirt er nicht. Wann Sie sich des Fäschens mit rothem Wein zu erinnern belieben, das Sie lezthin auf Kredit gekauft haben, und der silbernen Sporen, die der Reuterin Advokat davon getragen, und der vielen Laubthaler, die er dem seinen schicken muß; so bleibt von dreihundert Gulden nicht viel übrig. Gott bewahre ihn vor dem Nachrechnen! sonst könnte ihm gar einfallen, sich ohne weiters zu vergleichen, daß der ganze Proceß ohne unser Zuthun ein Ende nähme, und ein doppeltes Defizit in unsern Rechnungen sich einfände. Ich würde nach dem gewissesten greifen.

Amtsv. Er hat gut greifen — Er! wann ich aber auf die Hand geschlagen werde, so ist das Defizit dreifach.

Fr. Hahaha! auf die Hand geschlagen werden! als ob der Herr Amtsvogt nicht wüßten,
daß, wann man auf der einen Seite nicht ankom-
men kann, man desto sichrer seyn darf, auf der
andern zu gewinnen, und hier wäre mir vor dem
Abgewiesenwerden gar nicht bange.

Amtsv. Woher ist Er dessen so gewiß?

Fr. Können Sie über mich klagen, daß noch
etwas fehlgeschlagen sey, zu dem ich gerathen
oder geholfen habe? — — darf ich eine Frage
thun?

Amtsv. Nun?

Fr. Verursacht Ihnen die Reuterinn schlaflose Nächte?

Amtsv. Ich habe sie ja heute das erstemal
gesehen.

Fr. Drum eben! —

Amtsv. Ich glaube, ich könnte besser bei ihr schlafen, als bei meiner Knochenmaschine.

Fr. Wenn nun Friedrich hilft?

Amtsv. So hilft der Amtsvogt wieder.

Fr. Mit? —

Amtsv. Drei Dukaten.

Fr. In vierzehn Tagen ist die Reuterinn Ihre, oder ich lasse mich hängen.

Amtsv. Gieb acht! gieb acht! der Hanf wird theuer.

Fr. — Und die Hörner wohlfeiler.

Amtsv. Sag, Bursche, kennst du dein Vögelchen schon länger, weil du so zuversichtlich sprichst, wie es pfeifen wird?

E

Fr. Nicht länger, als mein hochgebieten=
der Herr.

Amtsv. Darf ich also hoffen?

Fr. — Zuversichtlich hoffen.

Amtsv. Jezt kann ich aber gar nicht
schlafen.

Fr. Mein unmaßgeblicher Rath wäre alle
Abend vom Rothen eine Bouteille extra zu trinken,
die Frau Liebste geduldigst in Arm zu nehmen; und
sich dorthin zu denken, wo Sie gerne wären.

Amtsv. Du hast den Teufel im Leibe.
Gute Nacht! dort steht noch vom Rothen — auf
meine Gesundheit.

Fr. (trinkt) Mein Herr Principal, und al=
les, was demselben lieb und werth ist, lebe hoch! —
Ist von des Wirths Fäßchen.

Amtsv. (im Weggehen) Hat mich schon oft geärgert, daß die Farbe gerade roth ist; allemal fällt mir der Blutacker Hakeldama ein.

Fr. Der Herr Amtsvogt haben eine etwas lebhafte Phantasie.

Amtsv. — Und du den Teufel!

Fr. Gott sey Lob und Dank!

Acht Tage auf diese Nacht hielt die Reuterinn mit ihrem Herzerwählten Hochzeit. Friedrich hatte inzwischen auf diesen Tag gewartet, und säumte nicht, sobald er wußte, daß sein Herr aufgestanden war, sich in dessen Zimmer einzufinden. Er kam und suchte hinter Kisten und Kästen, ohne ein Wort zu reden. „Wo fehlts, Friedrich?‟ fragte der Amtsvogt. „Hm! antwortete dieser, ich suche einen Riemen zu ihren Sporen,‟ und auf seiner Stirne stand, wie auf der eines jungen Gelehrten, leserlich geschrieben: dringe weiter in mich! ich weiß etwas.

Amtsv. Zu was denn jezt die Sporen?

Fr. Man kann ja nicht wissen, was unversehens vorfällt. Befehlen der Herr Amtsvogt etwas anders, so bin ich bereit.

Amtsv. Will er einen Spazierritt mit machen, so kann Er satteln lassen.

Binnen einer Viertelstunde waren sie auf der Straße nach dem Dorfe zu, wo Lenchen heute sollte getrauet werden. Friedrich bemühte sich ein Lächeln zu verbergen, so bald er gewiß war, daß es der Amtsvogt bereits bemerkt hatte.

Amtsv. Nun, wo ist denn in aller Welt Etwas zu lachen? siz' ich etwa nicht sattelvest, oder bin ich mit Morast besprüzt?

Fr. Keins von beiden! und dennoch muß ich lachen, daß Ihr Roß, als wie von selbst, den Weg der Gedanken seines Herrn geht.

Amtsv. Darüber ist nichts zu lachen! (scherzend) Er freut sich nur, daß er mitreiten darf.

– Fr. Wollte gehorsamst bitten, mich vor dem Dorfe umkehren zu lassen. Denn wo Sie mich mit hinbringen, pflegen die Leute nichts Gutes zu ahnden. Und da ich von Herzen gern mit anderer Leute Schwachheiten Gedult habe, wenn ich meinem Herrn Prinzipal den Anblick der Runzeln bei dem Empfang, und des Augenblinzelns bei jeder Gesundheit, die man Ihnen Ehren halber zutrinkt, ersparen kann; so reiten Sie allein hin. Friedrich freut sich, wann sein Herr vergnügt ist!

Amtsv. Was mir der Schurke in einem Odem für Sottisen sagt, weil er meynt, er sey unentbehrlich? Und wirklich kann ich den Instinkt der Bauern nicht verdammen; denn ich habe mich Seiner noch bei wenigen ehrlichen Kommissionen bedienet.

Fr. — Bin in allen Stücken meines Herrn Principals bereitwilligster Diener.

Amtsv. Und ich bin noch immer erkenntlich gewesen, und hab Ihn jedesmal verschont, wann verdrüßliche Folgen zu befürchten waren. — Aber was meynt Er, soll ich jezt hinreiten?

Fr. Freilich, aber den Schaafspelz anziehen.

Amtsv. Hör', vergiß bei deinem Wiz den Respekt nicht! bin ich denn ein Wolf?

Fr. Die Reuterinn ist ein Lämmchen, das heute kirre gemacht werden muß: oder, deutsch zu reden, bemühen Sie sich, ihr und ihrem künftigen Keuschheitshüter Vertrauen einzuflösen, geben ein raisonables Hochzeits - Geschenk, und sehen der Braut hübsch über den Kopf weg, wenn Sie mit ihr tanzen. Ich kenne Ihr Temperament — wenn Sie dies nicht thun, so hat der Henker sein Spiel, und alles ist verlohren. — Einer Braut sagt man am Hochzeittage freilich Flatterien oder etwas Aehnliches, ich wollte aber rathen, darinn sehr behutsam zu seyn, und keinen Scherz auf das Tapet

zu bringen, welcher ihr — sie ist ein Bauermädchen
und selten vor ihr Dorf hinaus gekommen — das
Blut ins Gesicht treiben könnte. Am Ende bitten
Sie, ja nicht übel zu nehmen, daß, des thätigen
Eifers von Ihrer Seite ungeachtet, dem guten
Weibchen noch nicht zu ihrem Recht verholfen
worden; ermahnen, nur Zutrauen zu Ihrem
guten Willen zu haben, und versprechen, es, so
viel auf Sie ankomme, an nichts fehlen zu lassen!
Unter andern Entschuldigungen führen Sie auch
diese an; daß zu Berichtigung einiger zweifelhaf-
ten Punkte die persönliche Gegenwart der Braut,
als der Hauptperson, schlechterdings nothwendig
sey; und bitten, sie möchte die Zeit bestimmen,
wann sie zu Ihnen kommen wollte: — können auch
den Mann mit einladen, um ihn mit dem gemeinen
Scherz sicher zu machen, daß er bei dem vorha-
benden Tete a Tete mit seinem Weibchen wohl ge-
genwärtig seyn dürfe. Verspricht sie zu kommen,
so merken Sie sich den Tag, und der Teufel müßte
auf Stelzen gehen, wann es fehlschlagen sollte.
Für das übrige sorgt Friedrich. —

Amtsv. Und wenn ich eine Nase hohle und es mißlingt, so hänge ich dich. — Jezt kehr' um! man ahndet sonst Spizbüberei, wann man dich bei mir sieht.

Der Amtsvogt sprengte auf das Dorf zu, wo er in der Schenke ankam, als eben der Kirchgang vor sich gehen sollte. Ihm gelang es heute, den Wolfszahn so geschikt unter dem Schaafspelz zu verbergen, daß alle anwesende Bauern versicherten, den Herrn Amtsvogt noch nie so guter Dinge gesehen zu haben. Er, bei dessen blossen Namen vorher jeder seiner Untergebenen von Fegfeuers-Schrecken überfallen wurde, gewann sich durch die Leutseligkeit, die er so täuschend affektirte, und durch — wenn ich mich so ausdrücken darf — sein Fidelthun nicht nur des Pärchens, sondern aller anwesenden Herzen. Lenchen versprach, den Sonntag zu kommen; und, als sich der Amtsvogt wieder aufs Pferd sezte, sprangen bei zwanzig Bauern herbei, die sich um die Ehre zankten, ihrem Blutigel den Bügel halten zu dürfen.

Auf so wenige Punkte sich sonst sein Beobachtungsgeist einzuschränken pflegte, so fiel ihm doch
die Willfährigkeit der guten Leute auf, und er fand
so viel Behagen daran, daß er um ein kleines Geschmack an der Grosmuth gefunden hätte, und der
für edle Gefühle längst abgestorbene Friedrich,
dem bei der Nachhausekunft einmal über das andere versichert wurde, wie gros das heutige Vergnügen gewesen sey, genug zu thun hatte, durch
einige Sittensprüche (z. B. das sey der Bauern
Schuldigkeit gewesen, oder, anders hätte Er es
gar nicht erwarten sollen) die alte Gewohnheit,
sich zu schämen, bei Menschen Mensch zu seyn,
wieder einzuführen.

Friedrich hatte sich, während er nach Hause
ritt, damit beschäftiget, den Plan, wie er das
schöne Lenchen in seines Herrn Klauen spielen
wollte, weiter auszudenken. Die Zuversicht, mit
der er auf die unfehlbare Erreichung seines Zweks
hofte, war ganz allein auf sein bisheriges Glück
bei ähnlichen Versuchen, und auf die Schwäche

des weiblichen Geschlechts gegründet. Er glaubte
Ursache genug zu haben, von der Race, mit der
er bekannt war, auf ein ganzes Geschlecht schlies=
sen, und dem Saz, den einige sogenannten Psycho=
logen aufgestellt haben, daß jedes Weib verführbar
sey, ohne nähere Prüfung bestimmen zu dürfen.
Wir lassen die Richtigkeit dieser Folgerung an ihren
Ort gestellt seyn. Aber nach unsrer Meynung
handelt der, den seine bisherigen Erfahrungen
zum Beifall eines allgemeinen Sazes bestimmen,
immer konsequenter, als diejenige, welche ohner=
achtet ihre Erfahrung und mislungenen Versuche,
zur Ehre des schönen Geschlechts, kein anderes
Resultat folgern lassen, als, daß kein Weib ver=
führbar sey, doch obigen Saz hartnäckig behaup=
ten, und zu seiner Vertheidigung von jedem Gassen=
pasquillanten Beweise annehmen. Ich befürchte,
daß mehrere unsrer jungen und alten Stoiker,
welche die Arbeit, ein Weib zu verführen, für zu
leicht und für einen unwürdigen Gegenstand der
männlichen Kräfte ausschreien, in diesem Fall seyn
dürften! Friedrich schloß und handelte seinen Er=

fahrungen gemäß, und war bereit, sobald ihn diese von Ausnahmen belehren würden, auch auf einen vortheilhaften Rükzug als einen wichtigen Umstand bei der Anlegung seiner Plane Rüksicht zu nehmen.

Lenchen war emsig beschäftigt, ihre neue Haushaltung einzurichten, einen Ueberschlag über ihr Hausgeräthe und Hochzeitgeschenke zu machen, und ihrem Gatten durch zuvorkommende Gefälligkeit die frohesten Aussichten in seine künftige Lebenszeit zu eröfnen. — Am nächsten Sonntage ermahnte sie dieser, in die Residenz des Amtsvogts zu gehen, und erboth sich, sie dahin zu begleiten. Froh und heiter, wie der blaue Himmel über ihr, hüpfte Lenchen neben ihrem Manne einher, der ihr die an der Straße liegenden Aecker und Bäume vorrezensirte, und zuweilen den frommen Wunsch äusserte, einige hundert Gulden baar Geld unter Händen zu haben, um sich dieses oder jenes Stück kaufen zu können.

„Dafür kann Rath werden, sagte Lenchen, wenn wir unsern Proceß gewinnen."

„Wird wenig zum Aecker kaufen übrig bleiben! war ihres Gatten Meynung, der, sey es
aus Vorurtheil oder aus Gründen, ein Gut, das
im Proceß lag, schon für verlohren zu geben gewohnt war.

Lenchen. Hat nicht der Amtsvogt bei unsrer
Hochzeit versprochen, mir zu meinem Recht zu
verhelfen?

Er. Wird noch manchen Thaler kosten, bis
du's in Händen hast! warum hast du den Zettel
zerrissen?

Lenchen. Kosten thuts freilich, und hat schon
gekostet, denn die Herren leben ja davon; aber
lang kann's doch nicht mehr währen.

Er. Wollen sehen, wie es geht! Wie meinst
du, Lenchen? — ich habe da einen Gedanken: wir
wollen des Amtsvogts seinem Schreiber ein Trinkgeld geben. Wer gut schmiert, der fährt auch

gut. Und er hängt doch seine Nase auch in unsern Proceß; nüzt es nichts, so schadt's auch nichts.

Lenchen stimmte willig mit ein, und kramte noch ihre Gedanken über dies und jenes aus, bis sie vor dem Dorfe waren. Der Bauer nahm Abschied, stekte ihr einen Laubthaler in die Hand, und versprach in der Schenke auf sie zu warten.

Lenchen puzte sich den Staub von den Schuhen, stekte Haube und Halstuch zurechte, und wanderte dem Hause des Amtsvogts zu.

Friedrich begegnete ihr von ungefähr an der Hausthüre, und bath, sie möchte so lang in sein Zimmer gehen, bis der Amtsvogt seinen Besuch entlassen habe, und sie sprechen könne. Lenchen folgte, und sezte sich. Sobald sich Friedrich um die Absicht ihres Besuchs erkundigt hatte, zog sie ihren Mammon aus der Tasche, mit der angehängten Bitte, dies wenige für die Mühe, die er ohne Zweifel mit ihrem Proceß gehabt ha-

ben werde, anzunehmen. Zugleich empfahl sie
ihre Sache auf das dringendste.

Friedrich stellte, wider die löbliche Gewohnheit der sämmtlichen Mitglieder einer ehr-
samen Federzunft, seinen geringen Einfluß vor,
weigerte sich, das Geschenk anzunehmen, und erhob auf der andern Seite seines Herrn Gerechtig-
keitsliebe himmelhoch: nur, fügte er zu jeder Versicherung hinzu, müsse man demselben ein gutes
Wort darum geben. Lenchen hielt Friedrichs
Weigern für Komplimenten, und sich dadurch
für befugt, das Geschenk desto ernstlicher anzu-
bieten. „Wenn sie nicht nehmen, sagte sie, so
ruf ich meinen Mann herbei, daß er mir hilft.“
„Nun, antwortete Friedrich, dem artigen Weibchen kann ich nichts abschlagen, ich will nehmen —
mit der Bedingung, daß Sie mir den Aufenthalt
ihres Mannes entdekt: wir müssen ein Glas Wein
zusammen trinken.“

Nach langem Wehren und Sträuben gab
endlich Lenchen gewonnen, und entdekte ihres

Mannes Aufenthalt, der sogleich herbei gehohlt wurde, und sich nicht lange nöthigen ließ, des Amtsvogt alten, unverfälschten Wein sich schmecken zu lassen. —

„Ihr guten Leute, fieng endlich Friedrich an, ihr habt mich mit Eurem Geschenk ganz beschämt; wäre ich doch im Stand euch ganz zu helfen! wenn Euch mit meinem Rathe gedient ist, so freut es mich. — Darf ich meine Meinung unverhohlen sagen?

Bauer. Sag' Er's nur, daß wir doch einmal wissen, woran wir sind: Er versteht's doch besser, als wir. Ich halte nicht viel aufs Processiren; wenn wir nur Etwas hätten!

Lenchen. Von dem, was mir von Gott und Rechts wegen gehört, meine ich, hab' ich nicht nöthig, einen Heller zurükzulassen. Doch wär' es mir herzlich lieb, wenn wir am Ende wären.

Friedr. Mein gutes Kind, wenn Sie es mir nicht übel nimmt, daran ist Sie selbst schuld, daß es nicht anders ist. Nicht wahr? Sie gesteht es jezt selbst, daß Sie damals zu voreilig handelte, als Sie den Schuldbrief zerriß?

Lenchen. Ja! Gott im Himmel ist mein Zeuge, daß mich's schon genug gereut hat! Ich hab' es aber doch in keiner bösen Absicht gethan, und soll von dem garstigen Kerl so betrogen werden?

Friedr. Sey Sie ruhig, liebes Weibchen! dafür hat Sie den boshaften Schurken auch jezt nicht geheurathet, sondern — den ehrlichen Mann hier. Ist Ihr dieser ohne dreihundert Gulden nicht lieber, als jener mit sechshundert? Ohnedem ist ja noch nicht alles verlohren. — Wie viel hat Sie Ihr Proceß schon gekostet?

Lenchen. Gewiß über dreisig Thaler.

Friedr. — Und ist noch nicht vorbei; es kann mit dem Beschluß und dem Douceur noch einmal so viel kosten.

Bauer. Gott im Himmel bewahr' uns dafür! wo sollen wir das Geld hernehmen?

Friedr. Das mein' ich auch! ich würde nicht rathen, so viel Geld darein zu stecken.

Lenchen. — Aber fahren lassen? —

Friedr. — Muß Sie auf alle Fälle.

Lenchen. Unser Herr Doktor in der Stadt ist auch der Meynung.

Er. Wäre es euch im Ernst lieb, euer Geld in Händen zu haben? Ich möcht' euch, da ihr so viel Zutrauen zu mir habt, so gerne helfen.

Bauer. Ja freilich wär' es uns lieb. Und Sein Schade soll es gewiß nicht seyn, wenn Er's machen kann.

Lenchen. Ach ja! wir machens gewiß wett!

Friedr. So folgt meinem Rathe! Der Herr Amtsvogt will Euch euern Proceß für zwei hundert Gulden, baar Geld, abhandeln. Er steht ohnehin mit dem Wirth im Handel, und kann ihn in seiner eignen Sache besser packen, als in einer fremden, bei der er nur Richter ist. Alsdann seyd ihr frey, und laßt den Herrn Amtsvogt sorgen, wie er mit dem Wirth zurecht kommt.

Der Bauer fieng nun nach Bauern Art an, zu handeln; Friedrich aber wieß ihn auf seinen Principal. Inzwischen hatte er nicht vergessen, den beiden Gästen fleißig zuzutrinken, um sie für die allenfallsige Vorschläge empfänglicher zu machen. Dieser Zweck wurde bei Lenchen leicht erreicht. Und als ihr Mann sahe, daß sie zufrieden war, und Er noch ein paar Gläser Wein ausgetrunken hatte, fand er für gut, in die Ausbrüche von Danksagungen, von welchen seines Weibchens Herz und Mund gegen den grosmüthigen Menschenfreund überströmten, mit einzustimmen. Seine Phantasie fieng an, ihn die wohlthätigste Wirkungen fühlen zu laſſen, das heißt, ihm Kinderſtreiche zu ſpielen. Zweihundert Gulden dünkten ihm, vereint mit der Summe, die er noch von Lenchens Heurathsgut in Händen hatte, ein hinlängliches Mittel zu ſeyn, ſein höchſtes Ideal von bürgerlicher Glükſeligkeit zu realiſiren. — War er nicht zu beneiden — der gute Bauer?

Während, daß ſich alle drei zuſammen freueten — Lenchen und ihr Mann über das zu hoffende Glück, einen Theil — ihres Eigenthums bald in Händen zu ſehen, und Friedrich über das erfreuliche Gedeihen ſeines Schurkenſtreichs — kam der Amtsdiener, und holte Lenchen zum Amtsvogt ab. Dieſer ließ ſie neben ſich auf einen Sofa ſizen, und bath ſich eine umſtändliche Erzählung des ganzen Vorgangs (von drei Jahren!!) aus, die er öfters mit der ſcharfſinnigen Bemerkung, ſie hätte auf keinen Fall den Kapitalbrief zerreiſſen ſollen, unterbrach. Von Friedrich ganz genau unterrichtet, wußte er ſein Schäfchen in der fröhlichsten Stimmung zu erhalten, und alle die Mittel wirksam zu machen, wodurch gewöhnlich die Sinnlichkeit junger Bäuerinnen gereizt zu werden pflegt. Der Amtsvogt hatte es mehr der für ihn vortheilhaften Stimmung, in die Lenchen durch Wein, Hofnung, Freude und den sechstägigen Ehestand versezt worden war, als seinen persönlichen Reizen zu verdanken, daß sie ihm Dinge gestattete, wobei der unten wartende Ehemann sehr überflüßig gewesen seyn würde. Dieser war bei Friedrich guter Dinge, und ließ sich den Laubenheimer drei und achtziger schmecken, während oben die Materialien zu einem neuen Kopfpuz für ihn zurecht gelegt wurden. Plözlich wekten ihn drei konzertirende Menschenstimmen, unter denen er die seines Weibchens ganz deutlich unterscheiden konnte, aus dem wonnevollen Taumel auf. Da es bei den drei fremden Stimmen immer krescendo, und mit ihren Urhebern immer mehr die Treppe herunter gieng, so begaben sich beide heraus, um ihre Neugierde zu befriedigen. — Und, o Himmel, welch ein Schauspiel stellte sich

ihren Augen dar! — Die Amtsvögtin schrie
aus vollem Halse: „du garstige Hure du! willst
meinen Mann verführen, schämst dich nicht, du
garstig Rabenaas! hast noch keine sechs Tage 'n
Mann, und gehst schon zu Andern! hinaus aus
meinem Hause! hinaus! ich will dich verkaresi
siren, hinaus!" — Zugleich bemühte sie sich,
ihren polternden Worten mit dem abgebrochenen
Stück einer Ofengabel Nachdruck zu geben, und
bei dem armen Lenchen, über deren Kopf die
fürchterliche Maschine schwebte, desto bleiben-
dern Eindruck zu verschaffen; aber die Wuth
der eifersüchtigen Juno war so übermäsig, daß
das erhabne Simbol ihrer alten Weiberschaft
jedesmal den marklosen Händen entsank. Der
Amtsvogt war vor Schrecken ganz ausser sich,
und da die, in dergleichen Fällen so nöthige Geistes-
gegenwart ohnehin nicht in seinem Karakter lag,
so spielte er für einen vierten kaltblütigen Zuschauer eine äusserst komische Rolle. Anfangs
stand er, im grünen seidnen Schlafrock, einer detto
Müze, hinter seiner Keuschheits-Kommißion, wie

von Gott und aller Welt verlaſſen, und ſchnappte
ängſtlich nach reiner Luft, die eben in der Nähe
von zwo erhizten Weibsperſonen unendlich theuer
war. Erblickte er die Ofengabel ſchwebend in der
Höhe, ſo nahm er ſein Eheſkelet ſo brünſtig in die
Arme, als er es vielleicht ſeit der erſten Nacht nie
gethan hatte, und verſuchte zitternd, die nach
Lenchen zielenden Streiche abzuwenden, war
aber bei dem allem nicht im Stande, einen ver-
nehmlichen Laut hervorzubringen. Wußte er
Lenchen wieder frei, ſo zog er die Müze vom Kopf,
und hielt ſie mit den ehrfurchtsvollſten Geberden
zurück. Lenchen ſelbſt hatte inzwiſchen durch ein
Feuer in das andere wandern müſſen: — aus der
Umarmung des Amtsvogts unter die minder ſanfte
Behandlung eines raſenden Weibes, und von da
aus mit einem nicht ganz ſchuldloſen Gewiſſen vor
die Augen ihres Mannes, den ſie doch über alles
liebte. Der Anblick des Leztern, an den ſie ſeit
einer halben Stunde nicht ſehr lebhaft gedacht
hatte, wirkte ſo ſtark auf ſie, daß ſie die Treppe
herabſtürzte, und ohne Bewußtſeyn vor ſeinen

Füßen lag. Der Bauer hatte inzwischen mit auf-
gesperrtem Maul und Nase dagestanden: sobald
er aber sein Lenchen in Gefahr und mißhandelt
sahe, hielt er es für das Beste, sie auf die Schulter
zu nehmen, und der Thüre zuzueilen. Er machte
bereits Anstalten, diesen Vorsatz zu bewerkstelli-
gen, wurde aber von Friedrich, der ihn ohne
weiteres zurück — in sein Zimmer zog, und da
einschloß, an der Ausführung verhindert. Ein
gleiches that dieser mit der Amtsvögtinn, die
er am Arm wegführte, und in Gesellschaft des
alten Amtsdieners, ihres gewöhnlichen Vertrauten
Kabinetsraths, in Ihr Zimmer in Sicherheit
brachte. Jezt war er mit dem Amtsvogt allein,
und ließ sich die Ursache des Lärms, die er freilich
mit sehr viel Wahrscheinlichkeit vermuthen konnte,
ausführlich erzählen, und erfuhr, daß zuerst alles nach Wunsch gegangen sey; zwar habe sich
Lenchen gewehrt, als sich der Amtsvogt immer
mehr herausgenommen und endlich auf die Erfül-
lung seines sehnlichen Wunsches gedrungen habe;
jedoch würde er an dem Sieg nicht verzweifelt

seyn, wäre die Amtsvögtinn nicht ganz unver=
muthet zur Seitenthüre hereingekommen, und
hätte mit der besagten Ofengabel bald auf ihn,
bald auf Leuchen manövrirt.

„Herr Amtsvogt! — sagte Friedrich, hieran
bin ich nicht schuldig. Vor allen Dingen suchen
Sie den Bauer zu geschweigen! — offeriren Sie
ihm die baare Ausbezahlung der Summe, um die
er prozessirt, lassen Sie sich aber ums Himmels=
willen nicht merken, daß Ihnen bange bei der
Sache ist! sagen Sie: Sie hätten Spaß gemacht,
Ihre Frau habe zu viel getrunken, und könne keinen
Spaß verstehen! auf Lenchen dürfen Sie sich
keklich berufen, — auf diese können Sie zählen,
daß sie nicht unterlassen wird, ihre Unschuld aufs
kräftigste zu betheuren. Machen Sie plözlich den
Handel mit dem Bauer ab, und erwähnen des
Lerms nur als Nebensache!"

Friedrich eilte davon, die bestürzten Ge=
fangenen los zu machen, und zufrieden zu stellen.

Natürlich schob er mit Achselzucken alles auf die Voreiligkeit seiner Frau Prinzipalinn, entschuldigte ihre Hitze mit dem Wein und Kirschengeist, den sie zuviel getrunken habe, und stellte am Ende vor, daß es am besten seyn würde, zu dem ganzen Vorfall zu schweigen.

Lenchen konnte nichts, als schluchzend ihre Unschuld betheuren, und den heutigen Tag verwünschen. Der Bauer schwaßte anfangs viel von Satisfaktion, schwieg aber, sobald er von Entschädigung in Geld hörte.

Inzwischen hatte sich der Amtsvogt erhohlt, und neue Kräfte gesammelt, so daß er beide mit einem Gesicht empfieng, als ob nichts geschehen wäre. „Es ist mir lieb, sagte er zum Bauer, daß ihr mitgekommen seyd, daß Ihr Euch erklären könnt, ob ihrs zufrieden seyd, wenn ich euch zwei hundert Gulden für Euren Proceß bezahle.“

Bauer. Ich sehe wohl, daß es gut ist, daß ich mitgekommen bin, weil mein Weib bei Ihm nicht ficher ift. Der Handel gefällt mir nicht. Ich hab' einen Regierungsrath zum Bekannten in der Stadt; zu diefem will ich mit nächftem gehen, und ihm erzählen, wie man mit mir und meiner Frau umgeht.

Amtsv. Das könnt ihr immer thun, — aber was wollt ihr wegen dem Umftand, den meine Frau aus Mißverftand verurfacht hat, einen groffen Lärmen anfangen? — Euer Lenchen faß da bei mir, und erzählte mir die Grobheiten des Wirths; ich gab ihr eben die Hand darauf, daß ich ihr helfen wollte, als meine närrifche Frau herein kam, und das Getümmel anfieng.

Lenchen. Gott ift mein Zeuge, daß du bei allem hätteft dabei feyn dürfen!

Bauer. So will ich Satisfaktion haben, daß man meine Frau eine garftige Hure gefcholten hat. Ich bin ein ehrlicher Mann, und laffe nichts dergleichen auf mich und mein Lenchen kommen.

Friedr. Der Herr Amtsvogt wird nicht abgeneigt seyn, Euch um des lieben Friedens willen etwas weiter zu geben.

Amtsv. Ich gebe Euch 250 fl. und erlasse die Unkosten, die meine Person betreffen, und dies thue ich alles um Lenchens willen, weil das gute Kind so erschrekt worden ist. Dafür versprecht Ihr mir, den ganzen Vorfall zu verschweigen, weil ich doch meine Frau nicht mag prostituiren lassen.

Der Amtsvogt zählte, während er dieses sagte, blanke Thaler auf den Tisch, und der Bauer — — willigte ein. Zwei Tage darauf erhielt der Wirth — wie die Sachen doch so wunderbar zusammentreffen? — von seinem Advokaten in einem Schreiben den wohlgemeynten Rath, jeden Vergleich einzugehen, weil seine Sache wider Vermuthen falsch gehe. Der Wirth, schon längst mit dem Gang seiner Schikane unzufrieden, und der unzähligen Prellereien überdrüßig, kam von selbst zum Amtsvogt, und both zweihundert Gulden, und noch ein Fäschen Wein von freien Stücken an, und der Handel wurde richtig.

Friedrich, den beide Parthien als ihren Mittler ansahen, erhielt auch von beiden Eine Karolin zum Geschenk, und überdies von seinem Principal die versprochene drei Dukaten.

Noch drei wurden ihm versprochen, wenn er die Amtsvogtinn zur Ruhe brächte, welche nicht aufhörte, ihren Gemahl mit den bittersten Vorwürfen zu verfolgen: aber alle Bemühungen Friedrichs, den Hausfrieden herzustellen, waren vergebens.

Eines Tages war die Suppe versalzen, worüber sich der Amtsvogt bei seiner Frau beschwerte: „Geh fort zu deinem Lenchen! — gab diese zur Antwort, und laß dirs besser machen, wenn ich dir nicht gut genug bin!‟ Ueber diesen Zug brach der Geduldsfaden des beleidigten Ehemanns, so daß er für gut fand, jedes Wort mit einer Maulschelle zu beantworten. Dies war das Signal zur öffentlichen Kriegserklärung. Madame wollte nicht mehr im Hause bleiben, sondern zog zu ihrem Bruder, einem Kanzleisecretair, in die Stadt. Hier wurde der unseelige Gedanke erzeugt, sich scheiden zu lassen, welches sie auch auf ein paar Vorstellungen bei dem Ehegericht, erlangten. Durch die ansehnliche Summe, die der Amtsvogt von dem Vermögen seiner Frau heraus bezahlen mußte, entstand eine Konfusion in seinen Rechnungen, und eine Lücke in seiner — Kasse. Eine fürstliche Kommission kam, den Zustand der Amtsführung näher zu untersuchen, und leider! fiel das Resultat ihrer Prüfungen nicht zu Gunsten des Amtsvogts aus. Von vielen Dingen konnte dieser gar keine Rechenschaft geben; desto besser wußte sich Friedrich, durch das Licht, welches er über alle Dunkelheiten verbreitete, bei der Landesregierung zu empfehlen. Der arme Amtsvogt wurde Märtyrer seiner Schwachheit, verlohr seinen Dienst und zu seinem Nachfolger wurde kein anderer gewählt, als **Friedrich**!!! — welchem jezt der Amtsvogt, um nicht Hungers zu sterben, als Schreiber dient, und sich, wie nicht anders zu erwarten war, tirannisiren läßt.

O! tempora! O! mores!

7.
Der Hochweise Magistrat.

Zwei Mitglieder aus dem hochweisen und hochgestrengen Magistrat eines kaiserlichen freien Reichsstädtchens — (was haben doch die Reichsstädte gethan, daß du schon einen Abderiten Streich erwartest, lieber Leser? —) ritten an einem schönen Frühlingstage spazieren. Eine gute Stunde von dem Städtchen war auf einem dabei liegenden hohen Berge ein beträchtlicher Forst zur Stadt gehörig. Ich weiß nicht, war es Patriotismus, Amtseifer, Spekulation, Laune oder Zufall, was die zween Rathsherrn bewog, diesen Forst zu durchreiten, kurz: sie durchritten ihn.

An mehreren Plätzen bemerkten sie mit nicht geringer Befremdung, daß die leidige Sucht der Aufklärung auch bis in ihre Wälder gedrungen sey. Sie wechselten eine Unterredung über diesen Gegenstand, welche sehr vieles, nur keinen Panegyrikus auf unser Jahrzehend enthielt. Plözlich wurden sie durch den Anblick einer majestätischen Eiche, die, wie ein Domherr über sein Zeitalter, ein ehrwürdiges Dunkel über das junge Strauchwerk verbreitete. Jeder frug den andern: sehen Sie die schöne Eiche? und jeder verwunderte sich, daß er etwas sahe, das ihm — vor der Nase lag. „Ja, bei Gott! rief der eine aus, dies ist eine schöne Eiche, ich hätte gar nicht geglaubt, daß es einen so grossen Baum geben könne.“

„Ja, antwortete der andere in seiner Rathhausformel, da haben Sie recht, dies ist auch meine Meynung! Und daß diese Eiche gerade in Unserm Forst ist....!“

„Das ist es eben!“

Sie ritten rings herum um die Eiche, zogen Ferngläſer aus der Taſche, um ihre Wipfel ſehen zu können, und fällten jedesmal das weislich überdachte Urtheil: es ſey eine ſchöne Eiche.

„Hätte ich ſie nur vor meinem Hauſe!“ war der Wunſch des Einen.

„Hätten wir einen ganzen Wald ſolcher Eichen!“ wünſchte der andre patriotiſcher.

„Das iſt nicht möglich! ſo groſſe Eichen können gar nicht neben einander ſtehen.“ —..

„Das iſt wahr, an das hab’ ich nicht gedacht.“

„—.. Und wenn die Bäume nicht neben einander ſtehen, ſo heißt das gar kein Wald.“

„So hätten wir aber, meiner Seel, keine Wälder, denn die Bäume ſtehen verflucht weit auseinander!“

„Das kommt vom Aushauen."

„Das meyn' ich eben."

Sie hätten jezt gern umgewandt: aber von einer schönen Eiche kann man nicht sogleich hinweg; — sie machten also noch dreimal die Ronde, und — ritten nach Hause.

Bei der nächsten Session erwähnten sie ihres glüklichen Funds, und erregten allgemeines Aufsehen und Verwunderung, selbst bei den Forstdeputirten, welche es gar nicht glauben wollten, daß noch eine schöne Eiche in den zur Stadt gehörigen Waldungen vorhanden sey. Einer derselben wandte zur Entschuldigung seiner Unwissenheit vor, daß er seit mehreren Jahren in keinen Wald gekommen sey.

„Was fangen wir mit dieser großen Eiche an? fragte der Burgermeister, welcher zu eben der Zeit einen Bau angefangen hatte.

„Wir laſſen ſie ſtehen, wo ſie gewachſen iſt," antwortete ein Schneider, der erſt kürzlich in den Rath aufgenommen worden war.

„Sie könnte aber geſtohlen werden," meynte ein Vetter des Burgermeiſters.

„Hahaha! geſtohlen werden!" rief einer von den Zween aus, welche die Eiche gefunden hatten: „man kann ſie gar nicht ſtehlen, ſie iſt viel zu gros."

„Was fangen wir aber damit an?" fragte der Burgermeiſter zum zweitenmale, wir müſſen ſie doch benutzen. Da ſie ſo groß iſt, ſo muß ſie alt ſeyn, und alte Bäume verfaulen gern; und gewiß würden wir uns vor aller Welt proſtituiren, wenn wir die ſchönſte Eiche verfaulen lieſſen."

„Iſt auch wahr!" ſagte ein dicker Rathsherr.

„Iſt auch wahr!" ſagte ein noch dickerer, der ſo eben von einem ſanften Schlummer erwacht war.

„Da wirklich mehrere Gebäude in unsrer Stadt," fuhr der Burgermeister fort „theils neu erbaut, theils renovirt werden, so kann es meines Erachtens gar nicht fehlen, das Holz in einem honetten Preise zu verkaufen. Wie meynen Sie, meine Herren, wäre es nicht vortheilhaft, wenn wir die Eiche abhauen, in die Stadt führen, und im Aufstreich verkaufen ließen?"

„So bekommen wir doch die Wundereiche auch zu sehen!" gähnte der so eben erwachte, und rieb sich die Augen.

Nach langwierigen Debatten, bei welchen der oben erwähnte neue Rathsherr den Widerpart machte, wurde per majora entschieden:

„Daß bewußte Eiche abgehauen, und in die Stadt gebracht werden solle. Um allem Irrthum vorzubeugen, sollen Herr W. und Herr B. als diejenige, welche die grosse Eiche zuerst entdekt haben, als Deputirte, beim Aufsuchen und Abhauen der Eiche, ernannt seyn."

Die Eiche wurde dem ergangenen Dekret zu=
folge, mit vielen Unkosten umgehauen, und schlug,
wie ein Grosser, wenn er fällt, viele junge Bäume
mit um. Die Holzhauer versicherten bei ihrer
Holzhauers Ehre, daß es sehr schwer halten dürfte,
den Stamm auf den bekanntlich schlechten Wegen
in die Stadt zu bringen: man widerlegte sie aber
mit dem Machtspruch, daß man alles machen
könne, wenn — man wolle. Acht Pferde zogen
mit Mühe die gewöhnliche Fuhrmaschine den steilen
Berg hinauf, die Eiche wurde aufgeladen, aber,
der Ermahnungen von Seiten der Magistrats=De=
putirten und der Sittensprüche der Fuhrleute un=
geachtet, nicht von der Stelle gebracht. Man
hohlte aus dem nächsten Dorfe Pferde herbei,
und — der Wagen zerbrach. Man ließ — mirabile
dictu! — einen neuen Wagen machen, verdoppelte
die Anzahl der Pferde, aber bei der entsezlichen
Last, und dem über alle Begriffe schlechten Berg=
wege, war es nicht anders möglich, als daß auch
der neue Wagen zerbrach. Die Geduld der weisen
Väter des Volks ermüdete nicht, man machte noch

einen Verſuch, und ſiehe! — es gelang, das achte Wunderwerk der Welt an Ort und Stelle zu bringen. Ein Glück war es, daß ſie nicht, wie die Bewohner einer ſchwäbiſchen Reichsſtadt, auf der unſeligen Grille beſtanden, den Baum in der Queere durch das Thor zu führen; ſondern ſie wählten ohne weiters die natürliche Lage der Länge, ſonſt wären die Stadtthore, wie weiland beim unglücklichen Troja, in Gefahr gekommen, abgeriſſen zu werden.

Der höhere und niedere Janhagel empfieng, wie billig, den Ankömmling mit lautem Jubelgeſchrei. Deſto behutſamer waren die Rathsherrn, die Summe der bereits verwandten Koſten, die ſich über hundert Thaler belief, nicht ins Publikum kommen zu laſſen.

In aller Eil wurde der Verkauf im Aufſtreich veranſtaltet, und wiewohl der erſte Anſchlag nur zu zehen Thalern angeſchlagen war, ſo wollte doch kein Menſch darauf bieten.

„Ich will den Leutchen mit gutem Exempel vorangehen," rief der Burgermeister, und both eilf Thaler.

„Was soll ich mit der Eiche thun? fuhr er fort, — ei! mein Gott! ihr Leute, so schlagt doch darauf!

„Gratuliren gehorsamst zu der Eiche!" schrien mit Jubel alle Anwesenden, und lachten den Burgermeister aus, daß er so angeführt worden war. Hahaha! — — Nicht wahr, lieber Leser, Hahaha!!!

Die Bürgerschaft hatte noch mehrere Klagen über ihren Magistrat vorzubringen, und vergaß dieses Pünktchen nicht. — Zween sehr vernünftige Regierungsräthe des nächsten Reichsfürsten wurden als kaiserliche Kommissarien ernannt, das theure Kleinod des Friedens zwischen der rebellirenden Bürgerschaft und den hochweisen Vätern wieder herzustellen. — Gott weiß, wie es jetzt geht.

8.

In mehrern Orten ist der Grundsatz herrschend, keine fremden Bürger und Beisaßen anzunehmen, wenn nicht das Gerücht eines beträchtlichen Vermögens oder einer besondern Geschiklichkeit vor ihnen hergeht. Der Tiranneien, die von den Obrigkeiten in diesem Stück ausgeübt werden, sind unzählige, und wie nahe den unverkennbarsten Rechten der Menschheit dadurch getretten wird, fühlt nur der Menschenfreund, der die Rechte der Menschheit kennt, und dem sie heilig sind.

Die Vertheidiger jenes Grundsatzes führen freilich zu ihrer Entschuldigung an, daß durch diese Vorsicht die Gemeinde nicht in den Fall komme, Schurken, Faullenzer und Lumpen zu ernähren.

Hm! kommt mir gerade vor, als, wenn eine epidemische Krankheit Tausende hinwegraft, unter welchen mehr Gute als Böse sind, und man die himmelschreyende Sünden der leztern als den

Grund angiebt, der den Himmel zur Strafe und Züchtigung bestimmt habe. — Das Abgeschmakte jener Entschuldigung fällt aus den Folgen und dem Zustand der Dorfschaften und Gemeinden von selbst in die Augen. Wie viele Faullenzer und Schurken, die, wenn sie auch von Kapitalien leben, doch privilegirte Kandidaten der Lumpenschaft sind, werden nicht jährlich zu Bürgern und Beisaßen angenommen? Die schädliche Folgen für den Staat sind eben so auffallend: der angehende Künstler und Handwerksmann wird, falls er sich in dem Ort, wo sein Vater Burger ist, nicht setzen kann, welches ja tausendmal der Fall ist, zu seinem eignen und seiner Nebenmenschen Schaden eingeschränkt, die rechtmäßige Bevölkerung verhindert, und wie oft geschieht es, daß der ehrlichste Mann, den man wegen Armuth nicht aufnimmt, eben dadurch gezwungen wird, dem Publikum als Schurke oder Bettler beschwerlich zu fallen?

Ich kenne einen jungen Menschen von fünf und zwanzig Jahren, seiner Profeßion ein Mufikus. Er ist kein Virtuose, dennoch kann er auf siebenzig bis achtzig Gulden, jährliches Verdienst, sicher rechnen, wobei ihm noch Zeit übrig bleibt, durch Abschreiben — seine gute Noten= und Buch= stabenschrift ist bekannt — wenigstens ein Taschen= geld zu verdienen. Ueberdies hat er einige hun= dert Gulden eigenes Vermögen, die in einem wohl= feilen Lande immer hinreichend sind, bei unvor= hergesehenen Fällen zusetzen zu können. Er ist kein Genie, aber er hat Menschenverstand, eine Waare, die im Preise steigt, jemehr jene fällt; er ist kein Stutzer, aber bescheiden, höflich und verträglich; er ist kein leichtsinniger Verschwender, sondern legt alles, was er seiner Nothdurft abzwacken kann, als einen Sparpfennig zurück; er ist nicht nach= läßig in seinem äusserlichen, aber streft sich nach der Decke. Er hat keinen gesellschäftlichen Fehler, als daß er ein junges Mädchen hartnäckig liebt, und ihr, weil man nicht zugiebt, daß er sie heura= thet, ohne bei jemand anzufragen, Kinder macht.

Das Mädchen ist eines Informators Tochter, der seinen Kindern kein Vermögen hinterlassen wird, aber doch alles angewandt hat, sie Dinge lernen zu lassen, womit sie sich einst ernähren können. Kurz, die Geliebte meines Musikus kann, wenn sie nicht langwierig krank wird, so viel durch ihrer Hände Arbeit verdienen, als sie braucht: — und dennoch leidet der Magistrat des Städtchens nicht, daß sie sich heurathen, und zwar aus dem Grunde, weil das Spital voll genug, und er nicht gesonnen sey, noch mehr Kinder auf gemeine Kosten zu ernähren.

Der löbliche Magistrat kommt nun freilich nicht in den Fall, in einer rechtmäßigen Ehe, oder — privilegirt erzeugte Kinder erziehen zu müssen; aber beinahe mit Gewißheit könnte er voraussehen, daß die Kinder, welche der Musikus, nur von seinem Trieb und der Einwilligung seines Mädchens berechtigt, von Zeit zu Zeit liefert, der Versorgung und Verpflegung aus der Armenkasse nicht wohl entlaufen werden.

Chacun a son gout!

———

9.

Ein Hochwürdiges Konsistorium.

Nichts ist gewöhnlicher, als daß Protestanten über die Blindheit der Römischkatholischen sich verwundern, als welche mit so viel Zuversicht an die Infallibilität des sichtbaren Oberhaupts der Kirche glauben, und mir — ich bin selbst Protestant — nicht nur gegen einige von jener Religionsparthei zu weit getriebene Sätze, sondern gegen alle Käfigte, in die man mein bischen Hirn sperren will — mir kommen sie gerade vor, als entdekten sie mit selbstgefälligem Lächeln den Splitter in ihres Bruders Auge, und nähmen den Balken in ihrem eignen nicht wahr, den Balken. der desto grösser wird, je stärker sie über den Splitter schreyen.

Wahr ists, die Protestanten erkennen kein bestimmtes Individuum für den Zuchtmeister ihrer Denkkraft, sondern glauben, acht oder zehen Augen sehen mehr, als zwei. Aber — wie? wenn nun alle falsch sähen, und doch oben drein nicht leiden wollten, daß ein anderes Auge richtiger sieht! — Ueberhaupt, schicken sich Monopole der Wahrheit, welche nun einmal, besonders in Religionssachen, relativ ist, und bis an der Welt Ende relativ bleiben wird, für unser freidenkendes Jahrhundert? — Man sage mir! hat je die Wahrheit durch Consistorialbefehle und Prüfungen gewonnen? Hat das Christenthum gewonnen? —

Ich sage gar nicht, daß ein geistliches Gericht überhaupt von keinem Nutzen seyn könne, aber so, wie sie sind, stiften sie wenig. Nun fragst du, lieber Leser: wie sind sie denn? — Höre ein paar Geschichtchen.

Sach. 6, 12. „Siehe! es ist ein Mann, der heißt Zemah: denn unter ihm wirds wachsen, und er wird bauen des Herrn Tempel.‟

Dies ist der Text, den das ....sche Konsistorium im Jahr 1791, sage: Ein Tausend, sieben-

hundert und einunbneunzig, dem jüngsten Pre=
diger einer Diöces bei Gelegenheit des jährlichen
Konvents, eines Inſtituts, das ſo viel Gutes
ſtiften — könnte, mit dem Beiſatz vorſchrieb, daß
es erwarte, Beweiſe zu hören, daß in dieſer Stelle
des Propheten von dem Meßias die Rede ſey. —
Glaubſt du das?

————————

19.

Lächerlich iſts, daß den Männern, die ſo aus=
ſchlieſſend über Gegenſtände des Verſtandes und
Herzens entſcheiden, öfters Urtheile entfallen, die
der gemeine Menſchenverſtand für abgeſchmakt er=
klären muß.

Der berühmte Mathematiker und Mechaniker
H..n, ein Mann, dem ſeine aſtronomiſche und
arithmetiſche Maſchinen in England, Frankreich,
Pohlen und Deutſchland den Namen eines der
gröſten Genieen erworben haben, war lange Zeit

Prediger auf einem mittelmäßig einträglichen Pfarrdienst. Natürlich nahm sein fürstliches Konsistorium zulezt davon Notiz, daß es einen so be-
rühmten und geschikten Mann unter die Wächter
des vaterländischen Zions zu zählen habe.

Schade! sagte unter anderem ein Konsistorialrath von der geistlichen Bank, daß dieser mit
so ausserordentlichen Gaben ausgerüstete Mann,
sie auf Maschinen und Uhren, als Bedürfnisse des
Luxus, anwendet, da ihn doch sein Amt zu einer
höhern Beschäftigung, zur Arbeit im Weinberge
Gottes, auffodert.''

,,Es ist mir überhaupt schon aufgefallen, mein
Herr Kollega, fuhr ein andrer fort, daß die be-
rühmtesten Genieen ihre Gaben nicht zur Unterstützung der kirchlichen Lehrsätze, sondern auf irrdische und weltliche Dinge, und leider! öfters zur
Bestreitung und Anfechtung unsers seligmachenden
Glaubens verwenden. Man nehme einen New-
ton, Leibniz, Lessing, und in älteren Zeiten
den verruchten Socinus.''

„Dies ist ein Beweiß, erwiederte der erste, für die Einfalt unseres allerheiligsten Glaubens, welcher nur Kinder zu seiner Vertheidigung nöthig hat."

— „Jawohl, für die Einfalt des Glaubens, murmelte ein junger Sekretair, indem er sich aus dem Zimmer schlich — weil gute Köpfe sich schämen, das, was menschliches Hirn ausgebrütet hat, mit ihrem Scharfsinn zu vertheidigen.

Genieen gerathen sehr oft auf Abwege. Exempla sunt odiosa! So gieng es auch H...n. Er vergaß sich, und schrieb drei Bände theologischen Inhalts, den wenige verstanden, und unter den Wenigen die meisten — es beleidigt deine Asche nicht, du grosser Mann! — für — Unsinn erklärten. Inzwischen hatte das Konsistorium eine Art patriotischen Eifers angewandelt, und sicherte ihm, zum Beweiß, wie sehr es Männer zu schätzen wisse, die dem Vaterland Ehre machen, die Anwartschaft auf die erste Pfarrei, die vakant werden würde, zu.

Die Herren machten sich hier einer falschen Schluß= folge schuldig, deren Andenken ihr Gewissen schwerlich jemals ängstigen wird.

a) Wer unserm Vaterland Ehre macht, muß belohnt werden.

b) Der Pfarrer H...n macht dem Vaterland durch seine mechanische Erfindungen Ehre.

Also, folgt natürlich, muß H...n die beste Pfarrei haben.

Der Ausweg, den Mann der Bürde seines Pfarrdiensts zu entledigen, und aus dem dort so reichen Kirchengut zu pensioniren, fiel ihnen nicht bei. Wollten sie zur Entschuldigung vorwenden, eine ausserordentliche Versorgung ziehe leicht un= angenehme Konsequenzen nach sich, so mag ihnen zur Antwort dienen, daß sie dafür ausgesorgt ha= ben, in dem unter Ihrem Regiment und in den

Nothställen, in welchen sie ihre Kirchenpfeiler erziehen, kein solches Genie mehr gedeyen wird.

Sie hielten übrigens Wort, und gaben ihm, dem grösten Mechaniker, aber mittelmäßigen Prediger, die beste Pfarrei im Lande, und verbothen, nachdem er gestorben war, — die theologischen Schriften desselben zu lesen.

II.

Einen Beweis der ausserordentlichen Anmaßung eines Gerichts, worinn erstens kein Sankt Lavater sitzt, und das zweitens wissen sollte, daß man selten so, wie man ist, sondern gewöhnlich mit vorsezlicher Insolenz, oder mit ängstlichem Vorurtheil die Schwellen ihrer Inquisitionsgebäude überschreitet, — Menschen auf den ersten Anblick beurtheilen zu können, mag folgende Erzählung, die eine Menge Schwestern hat, geben:

H

Eine einträgliche Pfarrstelle wurde vakant; der Kandidaten meldeten sich mehrere; das Landeskonsistorium aber nahm besonders auf zween Rüksicht, an denen die Reihe war, und berief sie zur öffentlichen Prüfung. Beide waren von keiner vornehmen Herkunft; Menner aber war reicher, als Nörheim. Der erstere hatte ein ausserordentliches Gedächtniß, hatte arabisch, syrisch, chaldäisch, hebräisch und griechisch, aber — kein deutsch gelernt, und konnte zu jeder schweren Stelle im alten und neuen Testamente die Erklärungen und Meynungen von Krusius, Ernesti, Grotius, Koppe und Kypke, Michaelis, Dathe, Knapp, Rosenmüller, und wie die Patriarchen alle heissen; auf ein Haar hersagen. In seiner Dogmatik war er fest, daß immer ein Beweis den andern dekte. Ein Spas wäre es gewesen, wenn man einen einzigen heraus genommen hätte, so wären sie, wie ein Kartenhaus, alle übereinander gefallen. Wann er predigte, so war er im Stande, seine Zuhörer von den Varianten bei dieser und jener Stelle, und von den möglichen

Deutungen, die man dem Text unterlegen könne, stundenlang zu unterhalten, ohne irre zu werden. Für das Studium der Mathematik, Philosophie, Moral und Naturgeschichte hatt er keine Zeit übrig gehabt, folglich konnte er sich auf diese Zweige der Gelehrsamkeit gar nicht einlassen. In seinem Umgang floh er alle Frauenzimmer, und von Mannspersonen alle, welche nicht studirt hatten. Sein liebster Aufenthalt war bei einem Antiquarius, wo er jedesmal wahre Seelennahrung zu finden versicherte.

Nörheim war der Sohn eines armen Landpredigers, der einst auf der Landpredigersgrille bestanden hatte, seinen Sohn Theologie studiren zu lassen. Früh hatte des Jünglings Geist Nahrung in Kenntniß der Natur und im Anschauen des Schönen und Erhabnen gefunden: ein Umstand, den sein Lehrer so klug war, zur Erleichterung der mühsamen Vorkenntnisse, mit deren Erlernung die liebe Jugend gewöhnlich geplagt, und mancher gute Junge an Kopf und

Herz auf ewig ruinirt wird, so viel als möglich
zu benutzen.

Sobald er in der Folge die Religion Jesus
in ihrem Werth und Umfang kennen lernte, freute
er sich, einen Beruf vor sich zu haben, bei welchem
sein Herz würde mitarbeiten können. Jede Bekanntschaft, bei der er glaubte, seine Kenntniß der
Welt mit fruchtbaren Erfahrungen bereichern,
seinen Umgang gefälliger und sein Aeusserliches fei-
ner machen zu können, machte er sich, soviel es Zeit
und Umstände zuliessen, zu Nutze. Bald verstand
er die Sprache des Weltmanns, des Bürgers und
Bauern; eine Kenntniß, die ihm nicht selten den
Weg zu ihrem Herzen bahnte. — Ob er den Weg
zu dem Herzen seiner geistlichen Obern gefunden
habe, kann nicht untersucht werden, ehe erwiesen
ist, ob dieser Weg existirt habe. — Nörheims
Herz war weich, mitfühlend, und hatte selbst
schon Leiden erfahren; ein Umstand, der, wie die
Erfahrung lehrt, die Grundlage der wahren
Toleranz und des wahren Mitleidens ist.

„Non ignara mali miseris succurrere disco."
sagt Maro unnachahmlich schön.

Was Nörheims Eltern auftreiben konnten,
hatten sie auf ihn verwandt, und harrten nun, so
wie er selbst, auf seine Versorgung. Nörheim
war nicht hartnäckig auf die jezt vakante Stelle
erpicht, sondern seine Absicht war vielmehr, sich
bei seiner Obrigkeit und Versorgern durch die ein-
geschikte Supplike ins geneigte Andenken zu
bringen.

Menner erhielt einen Text zu seiner
Probepredigt, (Gal. 3, 20.) der dem Heer
der Kritiker und Exegeten schon manche schlaflose
Nacht verursacht hat. Es war ein Plaz, auf
dem auch Menner sein Steckenpferd nach
Herzenslust herumtummeln konnte; und es
machte auch, zur Belustigung der Zuhörer
und Zuschauer und der vollkommnen Zufriedenheit des hochwürdigen Konsistoriums, seine
Kapriolen.

Nörheim predigte über Joh. 3, 16. und zeigte, wie die Menschen durch den Glauben an Jesus seelig werden können, nehmlich, wenn sie seine Lehre befolgen. Er bewieß zugleich, daß die Religion Jesus eine Herzensreligion, und für alle Menschen passend sey. Die Rede war gut disponirt, und so eingerichtet, daß man den ganzen Plan im Anfang übersehen konnte. Sein Vortrag war ohne Schmuck und Blumen, aber herzlich und einfach.

Einzmal bemerkte Nörheim, daß zween Konsistorialräthe über die Worte:

„Der nächste Zweck des Daseyns Jesus „war, den Juden ihre vielen, für Herz und Ver„stand gefährlichen Vorurtheile und Erwartungen „zu benehmen, und sie vermittelst einer einfachen „und ihrer Fassungskraft angemessenen Lehrart zu „überzeugen, daß äusserlicher Gottesdienst ohne „Liebe Gottes und des Nächsten ein leerer Tant „sey, wodurch sie den allwissenden Gott, der aufs „Herz sieht, nicht bestechen könnten.“

— die Köpfe schüttelten, und sich in die
Ohren flüsterten. Er hatte aber Gegenwart des
Geistes, seinen Zusammenhang also zu verfolgen:

„Die Lehren Jesus waren aber nicht allein
„auf die Nation eingeschränkt, unter welcher er
„gebohren war. Nein! das Wohl der ganzen
„Menschheit lag dem göttlichen Lehrer am Herzen,
„und während er sich mit Reinigung einzelner
„Pflanzen beschäftigte, streute er einen Saamen
„aus, der für Welten und Jahrtausende Früchte
„bringen sollte."

Als der Redner zur Nutzanwendung übergehen
wollte, bemerkte er abermal ein Kopfschütteln und
Zusammenflüstern, wodurch er, bisher im Wahne,
die Wahrheit mit allem Eifer und Wärme ver-
theidigt zu haben, so bestürzt wurde, daß er nicht
im Stande war, ein Wort hervorzubringen. Da
stand er, wie vom Donner gerührt, bis ihn das
Apage! aus dem gegenüberstehenden vergitterten
Kirchenstuhl, aus dem Seelenschlummer wekte.

Anstatt aber dem diktatorischen Posaunenruf zu folgen, und von der Kanzel zu gehen, erhohlte er sich, besann sich auf den Zusammenhang seiner Rede, und beschloß dieselbe so warm und mit eben dem unverkennbaren Wahrheitsgefühl, wie er sie angefangen hatte.

Den folgenden Tag wurden beide Kandidaten vor das fürchterliche Tribunal zitirt, welches das Schwerdt nicht umsonst in der Hand trägt, alle Versündigungen an Orthodoxie und Infallibilität der von ihm kanonisirten simbolischen Bücher zu rächen. Die Anrede des Examinators war folgende:

„Wir haben zwar bereits Ihre Abhandlungen über die von uns vorgeschriebenen Texte angehört; finden aber für nöthig, und es ist Sitte, Sie, meine Herren Kandidaten, um Ihr theologisches System zu befragen. Auch haben einige Säße in Ihren respektive Predigten uns veranlaßt, uns nähere Erklärung darüber geben, und unsre

etwannige Vermuthungen bestätigen oder wider-
legen zu lassen. Sie, Herr Kandidat Menner,
haben einen Beweiß ihres Fleisses, ihrer Bekanntschaft mit ältern und neuern Exegeten, einer guten
Stimme, festen Gedächtnisses und eines gesezten
Wesens gegeben. Wir haben auch zu Ihrer Geschiklichkeit das Zutrauen, daß, wenn Sie in Zukunft ein minder gelehrtes Auditorium vor sich
haben sollten, Sie Ihren Vortrag dessen Fassungskraft gemäß einrichten werden. "

Hier stieß er einen schweren Seufzer aus, und
wandte sich gegen Nörheim.

„Bei Ihnen, mein lieber Herr Kandidat
Nörheim, befürchten wir mit Mißlieben, daß
Sie von dem schädlichen Gift der Neuerer ange-
stekt seyen, als welche von nichts lieber, als von
Herzensreligion, Herzensbesserung, Menschenliebe
und schönen Handlungen sprechen, und unter dem
ewigen Moralisiren die Wichtigkeit der Glaubens-
wahrheiten und Religionsgeheimnisse vergessen.

Möchten doch junge Leute, die in diese Sprache
einstimmen, bedenken, daß sie keine Tugendpre-
diger, sondern Prediger des Glaubens an Jesum
und das Verdienst seines Leidens und Sterbens
werden sollen! Dies Moralpredigen muß um so
gefährlicher werden, wenn die Grundwahrheiten
der Religion dabei vernachläßigt und absichtlich
als zur Glükseligkeit überflüßige Dinge vorgestellt
werden. Auch müssen wir gestehen, daß die beinahe fünf Minuten lange Pause, in dem lezten
Drittheil der Predigt, uns keinen vortheilhaften
Begriff von Ihrem Gedächtnisse gemacht hat. Da
Sie schon einige Jahre lang Ihrem Herrn Vater
assistirt haben, mithin geübt seyn sollten, so ist uns
dieser Vorfall um so auffallender. Wer den gehörigen Fleiß auf eine Predigt wendet, und in
seinem dogmatischen System fest ist, dem hat es in
der Stunde, da er reden sollte, noch nie an
Worten gemangelt, sich auszudrücken. Da Sie
eine einnehmende Aussprache und gute Aktion
haben, so wäre es Schade, wenn Sie Ihr Herz
und Verstand nicht mit ersprieslichen Wahrhei-

ten anfüllten, die dadurch mehr Kraft und Beifall erhielten."

Nörheim wurde blaß, wie der Tod, und zitterte, wie ein armer Sünder, über den der Stab gebrochen worden. Indessen, wenn er auch vermögend gewesen wäre, ein Wort zu reden, so würde dies der unrechte Weg gewesen seyn, seine Sachen gut zu machen, indem das hochwürdige Konsistorium gewohnt war, dergleichen Anreden mit Stillschweigen beantwortet zu sehen.

Nun fieng das Examen mit Menner an. Nörheim erstaunte über das, was er hörte und sahe, daß der gelehrte Menner bald wie ein Katechumene, bald wie ein Sekundaner behandelt wurde. Er nahm nun ab, wie die Antworten beschaffen seyn mußten, welche das Konsistorium erwartete, und benuzte die neue Erfahrungen, als die Reihe an ihn kam, so gut es ihm möglich war. Bei einigen Fragen weigerte sich seine Zunge mit Ja! zu antworten, wo seine Ueberzeugung Nein!

sagte. Der Examinans ahndete sein Stocken mit
den Worten: „o! diese Frage ist eben nicht so
schwer zu beantworten.“ Nörheim erwiederte
im bescheidnen Ton: „sie ist aber zu wichtig, als
daß ich meine Ueberzeugung nicht auch zu Rath
ziehen sollte, und diese widerspricht der Meynung
unsrer Kirchenväter.“ — Die Perücken schüttel=
ten sich, der Direktor räusperte, und ein Assessor
seufzte. —

Auch dieser Nachmittag vergieng, und beide
Kandidaten wurden mit der Versicherung ent=
lassen, daß die Resolution mit nächstem nachfol=
gen würde.

Mennern folgte sie nach, und enthielt nichts,
als was er schon lange erwartet hatte, — daß Er
die Predigerstelle habe. Nörheim, der sich in=
zwischen bei Anverwandten und Freunden aufge=
halten hatte, war sie zuvorgekommen. Vater,
Mutter und Schwestern empfiengen Ihn mit Hän=
deringen, Wehklagen und den bittersten Vor=

würfen. War er über diesen Willkommen erstaunt, so erstaunte er noch viel mehr über den Brief, den sein Vater von dem ältesten Konsistorialrath erhalten hatte:

„Hochwohlehrwürdiger
Herr Pfarrer!

Mir thut es in der That leid, daß ich von meinem Amt und Beruf aufgefodert werde, Euer Hochwohlehrwürden eine Nachricht zu ertheilen, die ihr Vaterherz verwunden muß. Die Ziet gebietet mir, mich kurz zu fassen. Ihr Herr Sohn, Kandidat Nörheim, ist in seiner Probpredigt stecken geblieben. So sehr er sich durch seinen nicht unangenehmen Vortrag hätte empfehlen können, so wenig hat es dem fürstlichen Konsistorio gefallen, daß derselbe seinen Text auf einer Seite dargestellt und ausgelegt hat, wie es nicht erwartet worden. Auch bei dem Examine ließ derselbe zu unserm Mißlieben vermerken, daß er in seiner

Dogmatik nicht recht fest sey, und, aus Mangel an Fleiß oder der zur Prüfung gehörigen Gaben, Sätze behauptet, welche den Aussprüchen der Kirche widersprechen, und deswegen gefährlich sind. Der Rath des fürstlichen Konsistoriums ist, den Herrn Sohn, aus dem immer noch etwas werden kann, noch einmal auf eine Universität zu schicken, oder eine Lebensart ergreifen zu lassen, bei welcher die Kirche und der wahre Glauben gesichert seyn dürfen, nicht angefochten zu werden. u. s. w.

Nörheim ließ den Brief auf die Erde fallen, und rannte mit den Worten zur Thür hinaus: Vater, vergieb ihnen, denn sie wissen nicht, was sie thun!

Die Bestürzung in des Predigers Hause war so allgemein, daß Niemand des jungen Nörheims Abwesenheit bemerkte, bis den folgenden Tag ein Brief von ihm mit der kindlichen Bitte um Ver-

zeihung, daß er den Erwartungen, die sich seine
Eltern von ihm gemacht hätten, nicht entsprochen
habe, und der Nachricht, daß er, um seinen Eltern
nicht mehr beschwerlich zu fallen, sich unter die....
sche Soldaten habe anwerben lassen, dem armen
Vater überbracht wurde. Dem Schreiben waren
vier Louisd'or beigelegt, welche er zum Handgeld
erhalten hatte. Das von so vielen Seiten bestürmte Vaterherz erlag, und brach nun in die
heftigsten Vorwürfe und Klagen aus. Von seiner
Leidenschaft, welche Frau und Töchter immer mehr
anfachten, verleitet, begieng er die Unvorsichtig-
keit, dem Konsistorium in einem Brief zu antworten, der freilich keine Danksagung für das gnädige
Verfahren mit seinem Sohne enthielt, und nichts
anders zur Folge hatte, als, daß der Verfasser
wegen respektswidrigen Ausdrücken, ausser Amt
und Brod gesezt wurde. Der ehrliche Graukopf
hat schon einigemal unter freiem Himmel über-
nachtet. —

Während dies vorgieng, war der Araber zu
der auf seine Weyde harrenden Heerde gezogen,

um eine Probe zu geben, wie sie ihr schmekte. Die Heerde fand aber kein Behagen daran; einige Stellen waren ihr zu trocken, andere zu wässericht; — kurz, sie protestirte gegen den ihr zugesandten Seelenhirten, und bath sich den Kandidaten Nörheim aus, zu welchem sie ein besonders Zutrauen hätte, weil seine Speise ihr bekannt sey, und sein leutseliges und mittheilendes Betragen aller Herzen für sich eingenommen habe.

Das Konsistorium fand nicht für gut, auf die Klagen der Gemeinde sich einzulassen, sondern beharrte auf dem gefaßten Entschluß, daß Menner dahin abziehen solle. Hinc illæ lacrimæ!

12.

Die Geistlichkeit.

Geistlich, Geistliche, Geistlichkeit! — woher
kommt dieser Name? —

Ich bin in der Kirchengeschichte, der ewi=
gen Widerkäuerinn menschlicher Verirrungen und
Thorheiten, zu wenig bekannt, um den Ursprung
dieser Benennung anzeigen zu können. Also nur
ein Wörtchen von denen, die sich jezt diesen
Namen zueignen!

Entsprechen etwa dem glänzenden und viel=
versprechenden Titel dieses Standes die Handlun=
gen und Verdienste desselben? — O nein, es war
von jeher keine Spizbüberei unter der Sonne, an
der die sogenannten Geistlichen nicht Antheil ge=
habt hätten.

Hat dieser Stand, auch im Bewußtseyn daß
er diesen Namen mit Unrecht führe, ihn in der

J

Folge dazu benuzt, die ungeistliche Welt aufzu=
klären und besser zu machen? — O nein, alle
Seile, an denen der menschliche Verstand seit
Menschen Gedenken getanzt hat, sind aus seiner
Fabrike, und werden leider! heut zu Tage noch
von ihm gesponnen und geleitet.

Sind vielleicht die Bestandtheile seiner Mit=
glieder ganz geistig? O nein! man lasse diese
Frage die Weinhändler, Pastetenbäcker und —
das schöne Geschlecht beantworten.

Beschäftigen sie sich etwa nur mit edlern
Dingen, mit Gegenständen des Geistes? —
Man frage die Buchhändler, Kartenmacher und
Juden.

Oder fodert es ihr Beruf, von Nichts, als von
Dingen, welche die Aufklärung und Besserung
des menschlichen Geistes betreffen, zu reden? —
Man gehe in ihre Gesellschaften und in ihre —
Predigten.

Werden sie von einem höhern Geist in-
spirirt? — Es müßte nur zuweilen der Geist
seyn, welcher gewissen Pflanzen ausgepreßt
wird. —

Je nun, warum heissen sie denn Geistliche?
warum nennen sie sich selbst so? warum fodern sie
diese Benennung? — Dir, lieber Leser, will
ich's sagen, in welcher Hinsicht Ihnen dieser
Name zukommt.

1) Sie sind besoldet, einen bestimmten Theil
des Publikums mit den Erfindungen ihres oder
eines fremden Geistes zu gewissen Zeiten zu amü-
siren. Der grosse Haufe nennt diesen Aktus
Gottesdienst, und kann, vermöge der Benennung, so oft er den sogenannten Gottesdienst
besucht, unmöglich anders glauben, als er thue
Gott einen Dienst damit.

Ist das die Lehre Jesus, des göttlichen Ge-
sandten an die sinnliche Menschheit? Ist das die

Lehre unsrer Vernunft, daß Gott, das über uns
unendlich erhabne Wesen, etwas dadurch ge-
winne, daß er dadurch geehrt werde, wenn ein
um Geld bestellter Mensch die Einfälle seiner
Phantasie einem Haufen Menschen vorträgt, der
meistens gar nicht acht darauf giebt, und nur,
um sein gutes Renommée beizubehalten — (welch
eine Schande für die Menschheit?) — in das
Gotteshaus kommt. Und wer sind die, welche
aufmerksam sind? Meistens alte Mütterchen,
welchen die Ewigkeit schon den Augapfel ange-
fressen hat, welche die Sünden ihrer Jugend
drücken, und nirgends keine Ruhe, als unter dem
Kirchendach finden; oder Neugierige, welche hören
wollen, was der Prediger weiß, welche ihn von
Person kennen lernen wollen, — welche gern
Schwachheiten des privilegirten Kanzelredners
auffischten, um einen Gegenstand zu finden, über
den sie sich Abends in Gesellschaft lustig machen
können. — Gütiger Himmel! — und diese Versammlungen heissen Gottesdienst? Ein offen-
bares Ueberbleibsel von der morgenländischen

Theologie, welche Gott als einen Despoten vor-
stellt, der seinen Hofstaat haben muß, wobei der
Priester den Hofnarren macht! — Ist die Lehre
des weisen Jesus schon vergessen, daß man
Gott nicht mit der Zunge und nicht mit äusserlichen
Handlungen, die mit dem Schein der Heiligkeit
und Feierlichkeit blenden, sondern allein im Herzen
und mit guten Handlungen dienen könne?

Ich bin gar nicht in Abrede, daß öffentliche
Versammlungen, um sich von Dingen, unsre
wahre Glükseligkeit betreffend, zu besprechen,
nicht von Nutzen seyn können. Und sie sind auch
von Nutzen, wo ein Zollikofer, Jerusalem,
Spalding, Resewiz, Beneke und Huf-
nagel das Wort führt. Aber wie wenig sind
ihrer? —

2) Sie sind, wie Zollbediente, besoldet, alle
Geisteskoutreband zu entdecken, und zu konfisziren.
Um damit keine Mühe zu haben, haben sie es so
eingerichtet, daß jeder Schleichhändler jährlich

eine Abgabe von seinen Waaren entrichtet. Wer
einfältig genug ist, giebt seinen ganzen Vorrath ab;
der klügere akkordirt. Hat man sich auf die eine
oder die andre Art abgefunden, so hat man ein
ruhiges Gewissen, und darf sich wegen andern unangenehmen Folgen keine Sorge machen.

Geistliche Kontreband sind alle Meynungen, die von der geistlichen Obrigkeit und den simbolischen Büchern nicht gestempelt sind, alle Rai-
sonements über die Aussprüche von beiden, alles
eigne Bestreben, seine Zweifel mit Hülfe der Vernunft aufzulösen, und Hintansetzung der öffentlichen Marktplätze der Wahrheit.

Es ist Bedürfniß jeder bürgerlichen Gesellschaft, daß der Weisere und Gelehrtere dem, der
die Gelegenheit nicht hatte, selbst weise und ge-
lehrt zu werden, Dinge auflöse, die jener vermöge
seines ungebildeten Verstandes nicht auflösen
kann; daß er ihm Wahrheiten entdecke, die zu
seiner Glükseligkeit behülflich sind, daß er ihm,

bei den unangenehmen Vorfällen dieses Lebens, aus Religion, Vernunft und Sittenlehre, Trostgründe zuführe, und — dies sollten und könnten unsre Geistlichen leisten, aber — wie viele leisten es?

Alle Wahrheiten, deren Evidenz und Gemeinnützigkeit nicht so gleich in die Augen fällt, beruhen so lange auf der blossen Autorität dessen, der sie vorträgt, als der Zuhörer sie nicht aus Erfahrung oder Vernunftschlüssen selbst abstrahiren kann. Was giebt aber der persönlichen Autorität ein grösseres Gewicht, als ein notorisch-moralisch-guter Karakter und ein durchgängiges Beispiel in Befolgung alles dessen, was man selbst anempfiehlt? Wie kann aber ein Mann Glauben an seine Autorität, und Zutrauen zu seinem Willen und Kraft, nüzlich zu seyn, verlangen, wenn er

a) Dinge vorträgt, wovon er selbst keinen vollständigen Begriff hat, die er also nicht anders, als verwirrt vortragen kann. —

b) Wenn er durch Eigennutz in Einnahmen und Ausgaben (wozu er freilich durch schlechte Besoldung und Schikanerie von den Kirchen= gutsverwaltern oft gezwungen wird) und Salopperie in seinen Verrichtungen — zwei Dingen, die dem Auge des Bauern selten ent= gehen — den Gedanken rege macht, daß er mehr um des Lohns, als um eines grossen Zweks willen rede und handle. —

c) Wenn er durch kalte Entfernung und stolze Behandlung des niedern Zuhörers die Bande auflößt, wodurch, meines Erachtens, der Hirte mit seiner Heerde verbunden ist. —

d) Wenn er gar durch Trunkenheit, Wolluft, schlechte Haushaltung, Zänkerei 2c. 2c. (lau= ter Eigenschaften, vor deren Schein er sich hüten solle) dem geräumigen Mantel der christlichen Liebe viel zu — und der Verläum= dung viel aufzudecken giebt? —

Und, lieber Leser, wie viel sind der Geist= lichen, Prediger und Pfarrer, die von diesen

Punkten rein sind? Ich habe schon Gelegenheit
gehabt, die traurige Erfahrung zu machen, daß
Geistliche in ihrer Haushaltung so oft auf ein
Extrem und noch öfter auf zwei entgegengesezte
Extreme zugleich verfallen: und wehe! den christ-
lichen Gemeinden, wenn die Haushaltung der
Abdruck von der Seele ihres Führers ist.

Man reise auf Universitäten, und beobachte
die Aufführung der Studenten, ihre Ausgaben,
Ausgänge, Worte, Manieren und Gesellschaften,
und selten wird die Erfahrung trügen, daß die
künftigen Hüter des christlichen Schaafstalls, im
Durchschnitt genommen, die größten Verschwender,
und ungesittetsten, rohesten und leichtsinnigsten
Jünglinge sind. — Ob der Grund davon bloß im
Zufall, oder in einer Ursache, die gehoben werden
könnte, zu finden sey, kann ich nicht entscheiden,
sondern überlasse es einem Mann von größerem
Verstande und Wirkungskreise zur Prüfung und
Ueberlegung. — Bei reiferen Jahren und reiferem
Verstande finden sie für nöthig, weil ihr Vermö-

gen verschwendet ist, die Segel einzuziehen, und
ökonomisch zu werden. Aber, an keine kluge und
ordnungsmäßige Einrichtung, an keine Berechnung
des Verhältnisses der Ausgaben zu einander und
der Ausgaben zu der Einnahme gewöhnt, geizen
sie gewöhnlich, wo sie die Hand aufthun sollten,
und verschwenden, wo der wahre Oekonom spart.
In dieser Hinsicht ist es möglich, daß einer hier
als interessirt, und dort als leichtsinniger Verschwender, und beides mit Recht, ausge-
schrien wird.

Und wie ist denn der Gesellschaftston der
geistlichen Männer, der Männer, denen die Sorge
für die Glükseligkeit des Geistes obliegt, beschaffen? Von wahrer Lebensart, deren eigenthüm-
licher Karakter ist, daß sie sich in jede Lokalität
leicht zu schicken weiß, ist, ausgenommen bei
denen, die als Hofmeister unterzukommen, Gelegenheit gehabt haben, ohnehin die Rede nicht;
und man kann sie auch von Leuten nicht erwarten,
welche selten in einen honetten Zirkel kommen,

weil sie gewöhnlich zwischen Rohheit und Pedanterie, kein Mittelding kennen. Aber von Geistlichen, von Geistlichen, sage ich, von Männern, denen die Geistes Aufklärung und Besserung oft von Tausenden ihrer Mitbrüder anvertraut ist, darf man doch, wenn sie sich in einer Gesellschaft von ihres gleichen befinden, eine Unterhaltung erwarten, welche edle Geistesnahrung ist, und von geistvollen Männern zeugt? —

Man versetze sich in einen Zirkel von lauter Geistlichen, und kaum wird man an der Einförmigkeit der Kleidung ein Merkmal finden, daß die Versammlung durch Einheit eines erhabnen und grossen Zweks, durch Einheit der Beschäftigung, durch Einheit der Kenntnisse verbunden sind.

Der Rechtsgelehrte, der Arzt, der Kaufmann, der Oekonom, der Künstler, Handwerker und Bauer schämt sich nicht, von seinen Berufsgeschäften zu reden, aber der Geistliche schämt sich von den unterhaltendsten, wichtigsten Gegen-

ſtänden, von Gegenſtänden des Verſtandes und
Herzens zu reden; oder, redet er ja davon, ſo ge=
ſchicht es mit einer Kälte, mit einem Achſelzucken,
mit einer Miene, als ob er weit über dergleichen
Dinge erhaben wäre.

Dort ſizt ein alter Graukopf im Lehnſtuhl,
nimmt eine Priſe Tobak und beweißt den nahen
Verfall des Chriſtenthums aus der geringen Ach=
tung, die man ältern Theologen erweißt: mit
Thränen und Zittern ergreift er die Hand ſeines
Sohnes oder Tochtermanns, und beſchwört ſie,
ſich nicht verführen zu laſſen von Irrgeiſtern und
Neuerern. — Hier ſizt ein Klubb, ſchimpft über
die Jenaiſche Literaturzeitung, oder eifert wi=
der D. Bahrds Schriften und ſeegnet die Bran=
denburgiſche Verordnungen. Dort erzählen
ſich andre, in Gegenwart ihrer Jungens, mit
hellem Jubel ihre Studentenſtreiche, und bedauren,
daß die alte Zeiten vorbei ſeyen. Hier berechnen
einige die Artikel ihrer jährlichen Einkünften gegen
einander, und denken mit ſchweren Seufzern an

die ergiebigere Zeiten eines vierten und fünften Jahrhunderts. Dort beschäftigen sich andere, das Anathema über alle diejenige zu verfertigen, die andrer Meynung, als sie selbst, sind. Am Fenster steht ein junger Kandidat, als Abee frisirt, spielt mit der Uhrkette, raucht Tobak, und verhält sich duldend, während Aeltere den Geruch, der seinen Haaren entduftet, beurtheilen, ob er heterodox oder orthodox sey.

Man bemühe sich, die renomirten Prediger, die Gözen einer Gegend, aufzusuchen, und zu hören. Dem Wahrheitsforscher wird vor ihren Tiraden, so sehr sie die Ohren unsrer Herren und Damen füllen, ekeln, so wie vor ihren Gesprächen über abgedroschene Materien; und lachen oder — weinen wird er über die Karrikaturen, welche sich seinen Augen und Ohren darbieten, wenn Blumen, welche man auf dem Theater nicht brauchen kann, auf der Kanzel aufblühen und sich entblättern. Man höre z. B. wie lächerlich sich junge, um Beifall buhlende Prediger über Liebe, irrdische Freuden, Natur u. s. w. ausdrücken.

Um Beispiele des geistlichen Unsinns zu geben, dürfte ich meine Leser auf ganze Stöße Predigten verweisen; allein diese sind bekannt genug. Weniger bekannt sind Unschiklichkeiten und Abgeschmaktheiten, die sich die Aufklärer des Volks zu schulden kommen lassen, welche von keiner geringen Geistesarmuth zeugen, und gewöhnlich zwischen vier Mauern bleiben. Man erlaube mir Beispiele hievon anzuführen.

Ein evangelisch lutherischer Prediger fieng eine Leichenpredigt mit folgenden Worten an:

„ Schalom Lachem!

„ Gestern saß ich in meiner Stube, es klopfte an der Thüre, ich rief: herein! — Ludwig Schaar, hieß es, ist todt, und soll Morgen begraben werden. — Mein Freund, Ludwig Schaar, dacht' ich bei mir selbst, ist todt? Ihr, meine Andächtige, werdet fragen, warum ich ihn Freund nenne. Ich will's auch sagen. Er ist

a) ein Glied dieser ächt evangelisch lutheri=
schen Gemeinde.

b) Er war gerade so alt, als ich."

Es verdient angemerkt zu werden, daß in
eben dem Ort noch eine reformirte Gemeinde ist,
die eine eigene Kirche und Pfarrer hat, und zahl=
reicher, als die lutherische ist.—

Eine andere Predigt beschloß er mit der eifri=
gen Stanze:

"Gottes Wort und Luthers Lehr
Vergehet nun und nimmer mehr!"

13.

Ein grosses Licht unter den kalvinistischen Geistlichen und selbst ordentlicher Professor der Gottesgelahrtheit, gab einmal öffentlich folgende Erklärung von sich:

„Wenn ich der Herr Jesus wäre, so ließ ich Feuer vom Himmel auf die Erde fallen, das alle die verzehren sollte, die meine Gottheit läugnen." ———

O Geist der Lehre Jesus!

Einem jungen Theologen, der ihm gegen die persönliche Gottheit des heiligen Geistes einwandte, es sey doch bedenklich, daß dies in der Bibel nirgends behauptet werde, gab er die Auskunft: „Der heilige Geist hat den heiligen Schriftstellern alle Worte eingegeben, und konnte also aus Bescheidenheit nicht viel von sich selbst schreiben." Difficile est, satyram non scribere!

14.

Ein Prediger in der Residenz gebrauchte neuer-
dings in der Erklärung des so fruchtbaren Textes:
Stellet euch nicht dieser Welt gleich ꝛc. ꝛc. ꝛc. die
Worte:

> „Da kommt der Fürst gefahren mit sechs
> raschen Schimmeln, und — wer sizt bei
> ihm, meine lieben Zuhörer? — Eine Mai-
> tresse! — das heißt doch wohl sich gleich
> stellen dieser Welt!“

Eine Stunde vorher war der regierende
Landesherr mit seiner schönen Begleiterinn um die
Ecke gefahren.

15.

Ein vornehmer Geistlicher wählte über eine Epistel, die mit den Worten anfieng: Weiter, lieben Brüder, sage ich euch, das Thema: „Von dem glaubigen Weiter der Christen.“

Eben diesem Kirchenlicht hielt ein andrer einige Jahre darauf die Leichenpredigt, und hub mit thränendem Auge, aber jubelndem Tone an: „Viktoria! das Lämmlein siegt!“

Ohe! jam satis est! Gott erbarme sich aller heils-begierigen Christen!

———

16.

Der Brautwerber.

Nie waren wohl die Klagen über die unter allen Ständen allgewaltig um sich reissende Empfindelei allgemeiner und gerechter, als in unserm philo-sophischen Jahrhundert. Deutschlands ausge-

zeichentfte Köpfe haben ihr Vaterland hinlänglich
auf diesen Krebsschaden aufmerksam gemacht, und
jeder unpartheiische Beobachter wird in seinem
Kraise bereits die mehr oder minder verderblichen
Folgen dieser sentimentalischen Seuche bemerken
können. Wo wir nur unsre Blicke hinwerfen,
vom ersten bis zum lezten Stande, da sehen wir
der empfindelnden Wesen genug — der Handelnden
nur wenige, oder gar keine. —

Und woher die Allgemeinheit dieser Krankheit? — Ohne hier dasjenige zu wiederhohlen,
was schon so oft und besser, als ich's vermöchte,
über diesen Gegenstand gesagt und geschrieben
worden ist, muß ich doch der Nachahmungssucht —
schämt euch, ihr Deutschen! — kühnlich die gröste
Schuld aufbürden. Ein andrer Grund liegt in
der Schreib- und Drukseligkeit unsers Jahrhunderts, wovon die Erscheinung unsers Büchelchens
ein redender Beweis seyn mag. Mag auch ein
Buch noch so elend seyn, so werden ihm doch eine
gewisse Klasse von Lesern schwerlich entstehen.

Wie viel Verwirrung aus dem vielen Lesen ent=
stehe, davon hat man leider Beispiele. — Ja!
wenns noch so wäre, wie vor Zeiten! — Da las
man noch Schriften, die den Geist nährten, ohne
das Herz zu warm zu machen. Denn so, wie alle
Fehler aus dem Herzen entspringen, also auch
die Empfindelei. Als man noch des hocherleuch=
ten Theosophi, Jacob Böhm, gottselige
Schriften in Familien fand, — wovon, zur Ehre
unseres Jahrzehends sey es gesagt, nun in Leipzig
eine neue Auflage besorgt wird — als Schmucker,
Schmolke, Rambach, Habermann, Joh.
Arend ꝛc. die jezt leider fast nirgends mehr, als
in S....n und Fr....t gelesen werden, die Stellen
der jetzigen Romanen, und wie die Titel alle heissen
mögen, einnahmen, ja! da fand man noch Leute, die
man Männer nennen konnte! aber jezt! —— der
Menschenfreund läßt den Vorhang fallen, und
weint eine Thräne am Grabe des Geschmaks! —

Doch ferne sey es von mir, zu behaupten,
daß es nicht hie und da Ausnahmen von der Regel

geben sollte, daß nicht auch Ein Reiner, unter den Unreinen gefunden werden sollte! — Nein, der Menschheit zur Ehre will ich es bekennen, laut es bekennen, daß der Himmel mir die Wonne gegönnt hat, einige Ausnahmen zu finden. Wie der Wanderer sich freut, wenn er in Arabiens unermeßlichen Sandwüsten schmachtend herumirrt, nach Wasser dürstet, und endlich eine Quelle findet; so freut sich mein Herz, wenn ich einen Menschen sehe, den die Geisterseuche verschont hat — einen Menschen, der sich vom Strome der Empfindelei nicht hat hinreißen lassen, dessen Eisherz Ihn gegen alle Eindrücke von außen unempfindlich gemacht hat. — Billig rechne ich von Seiten meiner Leser auf Dank, daß ich sie nun mit einem solchen Original bekannt mache. Die nachstehende Erzählung hat vor vielen ihrer Schwestern den Vorzug, daß sie ganz wörtlich wahr ist.

Ohngefehr in Deutschlands Mitte lebt ein lutherischer Prediger auf einer guten Landpfarrei schon über acht Jahre, und zwar — noch unverheurathet. Ich darf es wohl nicht sagen, daß kein gemeiner Muth dazu erfodert wird, bei einer gesunden Konstitution und in seinen besten Jahren, (er mag jezt fünf und dreißig Jahre haben) und bei dem Bewußtseyn: Du bist im Stande, eine Frau zu ernähren — doch fest und unbeweglich dem Strome des allgemeinen Beispiels sich entgegen zu stellen. — Und was gab ihm diese unerschütterliche Festigkeit? Sein von Empfindelei noch unverdorbenes Herz. — Ein Empfindsamer wäre in ähnlicher Lage bei dem Anblicke der ersten Schönheit in Liebe zerflossen, hätte eine Zeitlang geschmachtet, und endlich, wie es gewöhnlich zu gehen pflegt, den Gegenstand seiner Seufzer mit Ober- und Untergewehr erhalten. Aber nicht so unser Original — so darf ich doch eine seltene Ausnahme von der Regel nennen! — — Er fühlte zwar in sich eine gewisse Mittheilungskraft, aber er war nicht verliebt. Sich abälardisiren zu lassen, mag ihm wohl nicht eingefallen seyn, oder hielt ihn vielleicht der Gedanke ab, daß ein Abälardisirter nicht füglich einer Gemeinde vorstehen könne.

Denn, daß es ihm nicht an Muth dazu fehlte, das verbirgt mir sein Stoizismus in allen übrigen Bedürfnissen des Lebens. Er gehört nehmlich zu den wenigen Starken, die sich blos auf das Nothwendigste einschränken. Bei einer jährlichen Besoldung von hundert und sechzig Dukaten hat er in einer Zeit von acht Jahren wenigstens sechshundert Dukaten erspart. Gesellschaft ist für ihn etwas entbehrliches. — Nur allein in Rüksicht seiner religiösen Meynung kann man ihm den Namen, Original, absprechen. In seinem Hause ist er Freidenker, und auf der Kanzel so orthodox, daß — selbst das Oberkonsistorium in B. nichts dagegen einzuwenden vermögte. Dergleichen Leute muß es frelich jezt im Pr.....schen viele geben, wenn nicht das nunmehro Gottlob! gnädigst installirte Oberinquisitionsgericht durch seine Unterbedienten es dahin bringt, vermittelst öfterer Revüen den Schafstall Christi von Grund aus zu reinigen.

Bei allem Ringen und Kämpfen mußte unser Ehrenmann doch in Einem unterliegen. Ein

Satansengel schlug ihn Tag und Nacht mit Fäusten, und der Pfahl im Fleisch nöthigte ihn endlich, etwas ausser sich zu suchen, um diesen bösen Geist zu bändigen. Mit einem Wort, er entschloß sich eine Frau zu nehmen. Diesen Entschluß theilte er einem Freunde mit, der im Begriff stand, nach F....th zu reisen, und bath ihn, sich zu erkundigen, ob nicht ein Mädchen — sanften edlen Gemüths? Bewahre! das wäre ja Empfindelei gewesen! — — Nein! ein Mädchen, mit einigen tausend Gulden und guten körperlichen Anlagen ausgerüstet, sich entschliessen könnte, mit ihm aus Einer Schüssel zu essen, aus Einer Quelle zu trinken, in Einem Bettchen zu schlafen.

„Sie ist gefunden! schrieb ihm bald sein Freund: sie ist gefunden, die ihr Herz suchte! Ein Mädchen, verständig, edel, gut und sanft und schön — nur nicht reich! — Aber das wird auf keinen Fall ihren Entschluß bestimmen. Sollte das Leztere der Fall seyn, so würde ich Ihnen sagen, daß mir eine Jungfer bekannt ist, dreitausend

Gulden reich, aber sonst an Geist und Herz so
wenig als an äusserlicher Grazie vorzüglich. Eilen
Sie hieher, beide zu beschauen!"

Auf diesen Brief lief folgende Antwort ein,
die hier wörtlich abgedruckt wird, und für deren
buchstäbliche Wahrheit der Herausgeber bürgt:

„ Mein lieber Freund!

„Ihren angenehmen Brief habe ich erhalten.
„Mit der Einen ohne Vermögen ist es nichts.
„Wegen der Andern müssen Sie mir umständ-
„lichere Nachricht geben. Aufs Ungewisse
„kann keine Reise unternommen werden.
„Bestimmen Sie mir also alles vorher genau.
„Wie ihre Grösse, ihr Wuchs, ist sie schwach
„oder voll, wie die Bildung, die Haut, das
„Haar, die Augen, Füsse, Brust, wie ihr
„Zustand, Laune, Gemüthsart? alsdenn
„wie steht es mit dem Vermögen? Wie viel
„läßt sich mit etwanniger Gewißheit erwar-
„ten? wie viel folgt sogleich? — Ist sie geneigt,

„ aufs Land zu gehen? Wer sind ihre Eltern?

„ Das müssen Sie alles erst ausfragen. — Als=

„ dann käme es darauf an, ob sie nicht in A.....rg

„ zu sehen wäre, da ich nicht weiter reisen kann.

„ In Ihrer Begleitung könnte ich einen

„ Theil der Kosten tragen. Ueber diese und

„ mehrere denkbare Punkte müssen Sie mich=

„ vorher belehren. Der Betrug ist in dergleichen

„ Fällen groß. Wäre die Person an und vor sich

„ annehmlich, und das Vermögen betrüge drei

„ tausend Gulden, so könnte ich mich entschliessen.

„ Doch wäre vorher ein Versuch zu machen,

„ ob sich nicht in der Stadt eine vortheilhaftere

„ Parthie ausfindig machen liesse. Für die

„ Bemühung würde ich erkenntlich seyn. Leben

„ Sie recht wohl!

17.

Die Polizei.

Wahr ist's, unsre Polizeianstalten haben sich um das vaterländische sowohl, als fremde Publikum sehr verdient gemacht. Sie verbessern die Wege, legen Spaziergänge an, lassen den Staub, Schnee und Morast wegtransportiren, setzen Dämme an Bäche und Flüsse, machen Feueranstalten zum Brennen und Nichtbrennen, leiden den Lärmen in Wirthshäusern nicht, verbiethen die Duelle, daß man ohne Furcht in christlicher Liebe einander schimpfen und schelten kann — jagen Marktschreyer, Quaksalber und Tausendkünstler aus den Städten — auf die Dörfer, und beherbergen nur die Herren Gaßner, Mesmer, und Cagliostro in ihren Mauren — examiniren jeden Fremden, der aus= und eingeht, scheuchen die barmherzigen Schwestern von Ecken, Bänken und Esplanaden weg, um die leichtsinnige Jugend vor Verführung und das fromme Alter vor Aer=

gerniß zu bewahren — hängen in breiten und engen Straffen große und kleine Laternen auf, daß der lustwandelnde Fußgänger seinen Fuß nicht an einen Stein stoße — schaffen die Bettler ab, und geben ihnen zu arbeiten — halten die Straffen und Gaffen vom Diebsgesindel rein — aber! aber! — drei Diebe laffen sie frei herum gehen, und ziehen selbst vor ihnen den Hut ab: — Diebe, welche ein ehrliches Handwerk treiben, von ehrlichen und vornehmen Eltern abstammen, in honetten Gesellschaften freien Zutritt haben, mit Gold besezte Kleider und Westen tragen, in Kutschen fahren, und freundlich begrüßt werden; — Diebe, welche man fangen kann, wenn man will, denn sie verbergen ihre Person niemals, schämen sich ihres Raubes gar nicht, sondern erzählen ihn, wenn er gelungen ist, jedermann mit Freuden, — und doch hängt man sie nicht — die Spieler, Lottokollekteur und Nachdrucker!

So lang sich deutsche Fürsten Abgaben vom Pharo bezahlen laffen, so lang Freund Hampe

Briefe auf die Poſt geben darf, ſo lang Grözinger, Fleiſchhauer, Schmieder und Konſorten dicke Bäuche, und nicht das Schikſal ihres Zunftbruders, Wucherer, haben, ſo lang, ſage ich, iſt keine Polizei im Lande.

18.

Der Philoſoph.

Erſte Scene. (Nacht. Straſſe.)

Herr Robber. (klopft an einem Hauſe an) Ei! Liſe, ſo macht doch auf! ich erfriere ja faſt. (wartet eine Weile) Ei! ſo macht doch um Gottes willen auf! es iſt mir ganz ſchwindlicht im Kopf! alles geht mit mir im Ring herum! — Ich bin doch in der rechten Straſſe, und hier ſteht die Numero; da ſteht mein Haus! und das faule Thier, die Liſe, macht nicht auf!

(Scharwache kommt) Wer lärmt hier so entsezlich?

Nob. Ach! ihr Herren, ich kann mein Haus nicht finden.

Unteroffizier. Wo kommt Er denn her?

Nob. J, der Herr Petsche auf dem Markt hat mich zum Nachteſſen eingeladen, und jezt will mich Niemand einlaſſen.

Unterof. 'S geht immer ſo, wenn man ſich betrinkt, und vor die unrechten Häuſer kommt. — Wer iſt Er denn?

Nob. Ich bin der berühmte Nobber.

Unterof. Schenk' Er der Wache ein Trink= geld, und laß Er ſich ſein Haus zeigen.

Nob. Ach! Gott, kein Geld kann ich nicht mehr wegſchenken; der Schmauß hat mich ſchon ein Trinkgeld gekoſtet. Nein, Gott bewahr mich! da ſuch' ich den Weg lieber auf allen Vieren.

Unterof. (zur Wache) Führt ihn ab ins nächste Wirthshaus, daß man Ruhe hat.

Rob. Ich gehe in kein Wirthshaus! — ich lasse mich nicht ums Geld bringen! führt mich nach Hause! — Lise, Lise!

Unterof. Sogleich halt er das Maul! — (zur Wache) Weiß keiner von euch, wo der Saufaus wohnt?

Einer. Ich will ihn abführen, sonst hat man keine Ruhe.

(ab mit Robber)

Zweite Scene.

(Morgen. Robbers Zimmer.)

Robber. Lise, eine vierzigjährige Magd.

Rob. Nun, Lise, sagt mir doch, wie iss in meiner Abwesenheit hergegangen? wer ist bei meiner Frau gewesen? wann sind meine jungen

Leute nach Hause gekommen? — Ach! Gott! daß
man nicht überall zugleich seyn kann!

Lise. Die Madame war den ganzen Abend
mit mir allein, und hat an einem Hemd genäht,
bis zehn Uhr; da sind die jungen Herrn nach
Hause gekommen.

Rob. So! so! nur weiter.

Lise. Als zehn Uhr vorbei war, hat sie
Herrn Döring hereingerufen, daß er Piket mit
ihr spielen soll, bis Sie nach Hause kämen. Mir
hat sie befohlen, Theewasser zu recht zu machen...

Rob. Sieh doch! daß sie mit dem Bur-
schen allein seyn kann. (Mit steigendem Affekt) Was
ist vorgefallen? Ihr habt doch gelauscht, Lise? —
Ach! meine Frau ist eine Ehebrecherinn, ich bin
ein Hahnrei, ich habe Hörner! jedermann wird
mir's ansehen. — Aber ich will mich rächen; ich
will Zucht und Ordnung ins Haus bringen!

(will fort)

Lise. So halten Sie doch! es ist ja noch
nicht aus —

Rob. Hab schon genug. —

(wüthend ab in

Das Zimmer seiner Frau.
Dritte Scene.

Rob. Frau! guten Morgen! Immer hab ich
so viel auf dich gehalten, und muß erfahren, wie
du dich gestern aufgeführt hast!

Sie. Ich glaube, du spaffest! Hat es dir
geträumt? Gelt! Männchen, wenn man zu viel
von Herrn Petsche's Rheinwein getrunken hat, so
träumt man wunderbar. Wenn es dir nur ge-
schmekt hat, so freut es mich.

Rob. So! du Falsche! du willst mich nur
auf Etwas anders bringen. Ich sage dir hiemit
kurz: bekenne, oder du wirst sehen, wie ich mit
dir verfahren werde! — Was hast du mit
Döring getrieben?

Sie. Pikek gespielt, um, so lang ich auf deine Ankunft wartete, Gesellschaft und Zeitvertreib zu haben. Ich dächte aber, die Frage sey sehr überflüßig.

Rob. Frau! bekenne, denn ich weiß alles: bekenne, oder du und dein Verführer sollen mir hart büßen!

Sie. So schrei doch ums Himmelswillen nicht so entsezlich. — Du bringst mich und dich in ein schlimmes Gerücht.

Rob. Vor aller Welt will ich dich prostituiren, du Schandmensch!

Sie. Ich will ja gern Geduld mit dir haben, betrübe doch mit deiner närrischen Grille meinen Vater nicht, der über diesem Zimmer wohnt!

Rob. Er soll es zuerst wissen, wie du mich zum Hanrei, und zum Gespötte der ganzen Stadt machst.

Sie. Ach! gütiger Gott, dahin ist es gekommen. Dies ist der Lohn meiner Geduld und Liebe. Du prostituirst dich selbst durch deine Eifersucht.

Rob. Schweig! du Hure!

Schwiegervater Heller — tritt auf.

Herr Sohn! Herr Sohn! ich hoffe nicht, daß dies meine Tochter gelten soll.

Rob. Herr Schwiegervater, dies geht Sie auf keinen Fall etwas an. Ich bin weiter nichts, als ihr Schwiegersohn, und nicht ihr Sklave.

(ab)

Vierte Scene. Abend.

Robber. (sizt im Lehnstuhl) Schon sieben Uhr, und meine Frau noch nicht zu Hause! Ich bin ein unglüklicher Mann. (Man klopft an der Thüre) Herein! — (stärker) Herein! (er steht auf und öffnet die Thür) Was soll denn dies bedeuten? — uirgends nichts zu hören und zu sehen!

(Döring kommt durch eine Seitenthüre mit einer Teufelslarve, brennenden Hörnern ꝛc ꝛc. geht stillschweigend durch das Zimmer und zur Thüre hinaus.)

Rob. Gott sey mir gnädig! Lise, Lise! — Es spukt! — Hülfe! Lise! Herr Winter, Herr Kuhn, Herr Döring! Lise! Hier ist meines Bleibens nicht mehr! (geht geschwind ab)

Wie gefällt dir Herr Robber, das Kabinetsstück? — und wie gefällt es dir, lieber Leser, wenn ich dich versichere, daß er ordentlicher Professor der Weltweisheit war?

———

19.

Der Patriot.

In dem Landstädtchen irgend einer volkreichen Provinz trieb ein dicker Herr lange Zeit sein Wesen, ohne daß ein Mensch errathen konnte, wovon er lebte und was er handthierte. Die Polizei duldete ihn, weil er ein Landeskind war, ein eigen Haus und mehrere Scheunen hatte, still und eingezogen lebte, alle Sonntag in die Kirche gieng, und dem Stadtpfarrer und Bürgermeister ein Neujahrsgeschenk schikte. Er ließ sich schlechtweg Herr Klump nennen, und protestirte feierlich gegen die Freigebigkeit seiner Nachbarn, welche ihn mit Hofraths= Doktors= und Kommerzienraths= Titeln überhäuften.

Je seltner er sich sehen ließ, desto mehr Aufsehen erregte seine Erscheinung. Wer ihn sahe, lachte anfangs über seinen komischen Aufzug. Er trug im Sommer und Winter, an Werk= und Feiertägen, einen blau plüschenen Rock mit brei=

ten Taſchen und Schlafroksärmeln, eine ſchwarz plüſchene Weſte, Beinkleider von rothem Tuch, und Schnürſtiefel. Am Ende aber wunderte ſich jedermann über das ungleiche Verhältniß zwiſchen einem groſſen, ſchön gebauten Haus, vier Scheunen, die alle Schulden frei waren, und einem ſo wenig verſprechenden Anzug. Die Einwohner des Städtchens liebten den Putz an ſich ſelbſt und andern, und hatten die ſeltſame Gewohnheit, jedermann nach ſeinem Rock zu beurtheilen. Deswegen konnten ſie es gar nicht begreifen, wie man an Einem Rock genug haben könne, wenn man im Stande ſey, ſich deren mehrere anzuſchaffen. Als endlich gar Jahre verfloſſen waren, und Herr Klump zu keiner Renovation ſeiner Röcke zu bewegen war, unerachtet die blaue Farbe mit Silberfarb und Blaßroth zu changiren anfieng, ſo geriethen Alte und Junge, Vornehme und Niedre, auf den Einfall, Herr Klump müſſe in einem hohen Grade ſparſam ſeyn.

Die Bürgermeiſterinn des Städtchens theilte einſt dieſe Bemerkung ihrem Ehegemahl mit, der

in dem abgetragenen Rocke noch keinen hinläng-
lichen Grund zu jener Vermuthung finden wollte.

„Sie widersprechen mir auch immer, mein
Schatz!“ sagte die Bürgermeisterinn.

„Was geht euch Frauensleute Klumps
plüschener Rock an? Laßt jedermann tragen,
was er will! So lang er nicht nackend geht, was
kümmerts euch?“ antwortete der Bürgermeister.

„Je nun, ich meyne, wenn man ein
grosses Haus, vier Scheunen und keine Schulden
hat, so kann man sich einen hübschen Rock an-
schaffen. Und wer es nicht thut, den halte ich
vor interessirt.“

„Ich will Ihnen beweisen, daß Klump nicht
interessirt ist.“

„Vielleicht, damit, daß er alle acht Tage ein
weisses Hemd anzieht?“

„Wenn er interessirt wäre, so würde er sein Haus und Scheunen nicht leer stehen lassen, sondern das Miethgeld annehmen, das ihm von so vielen Seiten her offerirt worden ist."

„Was thut er aber mit den leeren Gebäuden?"

„Das ists eben, was wir nicht wissen, ich glaube eher, daß es bei dem Manne unter dem Dache nicht richtig ist."

„Ja, da haben Sie auch recht! Ein vernünftiger Mann — schaft sich einen ehrbaren Rock an."

Des Bürgermeisters Haus war das Kaffeehaus des ganzen Städtchens, und die Frau Burgermeisterinn hatte die Ehre, in allen Gesellschaften den Ton anzugeben. Auf diese Art ist es zu begreifen, wie, anstatt über Klumps Geiz zu schmähen, in einer Zeit von acht Tagen, ihn der gefühlvolle Theil wegen seiner Melankolie, die bald zu, bald abnehme, bedauerte, und der Leicht= sinnige seine Freude bezeugte, einen erklärten Kandidaten des Narrenhauses innerhalb der va= terländischen Mauern zu sehen.

Reiche, in Sünden grau gewordene Filze, freuten sich schon auf das Schäfchen, daß sie scheeren würden, wenn man sie zu Klumps Vormündern machte; junge Advokaten glaubten eine ergiebige Proceßquelle gefunden zu haben; die Aerzte grübelten der Ursache des Uebels nach, und deklamirten über die ungesunde Luft; ein durchreisender Badewirth both seine Kost und Logis an, und empfieng von Herrn Klump in ei= gener Person die Vorausbezahlung in baaren, blanken — Schwernöthern und Sappermentern. Ein dritter Theil des Städtchens und der Nach= barschaft hütete sich weder dem einen, noch dem andern Urtheil über das dicke Sujet beizustimmen, sondern zog sich, wann ja zufällig von ihm die Rede wurde, mit einem Gemeinspruch aus der

Schlinge. Die Ursache hievon war, weil sie es mit Herrn Klump, mit dem und dessen respektive Erben sie in Verwandtschaft stunden, auf keine Art verderben wollten. Es war ihnen an Unterhaltung der gegenseitigen Freundschaft so viel gelegen, daß sie Herrn Klump, der ein sehr schwaches Gedächtniß hatte, von Zeit zu Zeit Abschriften ihres Stammbaums aufzubewahren gaben, welche er auch jedesmal, aus Achtung für seine Verwandten, sorgfältig verschloß. Andere, deren schriftlicher Stammbaum überflüßig war, vertrauten ihm Uhren, Schnallen, Kleider, Ringe, Silberservice, und was sie von dergleichen Dingen entbehren konnten, auf unbestimmte Zeit, zum Theil auch auf immer an, sowohl um ihr Zutrauen an den Tag zu legen, als sich beständig im Andenken zu erhalten. Die Herrn Vetter und Frau Baasen beiderlei Gattung schienen es verabredet zu haben, von ihrer nähern oder entfernteren Verbindung mit Herrn Klump weder öffentlich, noch gegen einander selbst, kein Wort zu sagen. — Was doch die Leute für eine Absicht mögen gehabt haben?

Bald wurde bemerkt, daß Herr Klump ein starkes Verkehr mit Bauern aus nahen und entfernten Gegenden trieb, und eine Reform in seinen Scheunen und Speichern vornahm.

„Was wollen doch die Bauern bei Herrn Klump?" fragte man sich im Städtchen.

„Sie hohlen Geld! der Mann muß geheime Schulden gehabt haben," war jedesmal die Antwort.

„Aber für was das Bauwesen? — Er läßt Böden drei- und vierfach übereinander bauen, als ob er Obst dörren wollte!"

„Hahaha! Obst dörren! jezt — im Frühling! Hahaha! Der Mann ist verrükt!"

Herr Klump ist verrükt! erscholl es im ganzen Städtchen aufs neue, und die alten Filze, die jungen Advokaten und Aerzte freuten sich wieder.

Im folgenden Jahr begab es sich, daß fünf-
tausend Mann Kavallerieregimenter mit eben so
viel Pferden, in Kompagnien abgetheilt, durch
jene Gegend ziehen sollten. Es ist dort vaterländische Sitte, daß die Soldaten Brod und die
Pferde Haber essen; deswegen sahen sich die
Quartiermeister und Marschkommissarien nach
Handelsleuten um, welche eine Frucht- und Haber-
lieferung verakkordiren sollten. Aber weder Juden
noch Christen wagten sich an diesen Handel, weil
die Früchte, welche das vorhergehende Jahr zwar
gut, aber in geringem Maaße hervorgebracht hatte,
sehr theuer waren, und sich Niemand durch frühern
Einkauf auf einen solchen Fall vorbereitet hatte.
Herr Klump allein meldete sich, und schloß einen
Akkord, bei dem er, wenn nur die Hälfte von dem
eingetroffen wäre; was man ihm prophezeite, wenigstens hätte verderben müssen. Die obgemeldeten
alten Filze erhoben abermal ein Geschrei, man
sollte es von Obrigkeitswegen nicht leiden, daß
ein Landeskind, von dessen Unfähigkeit, sein eigenes Vermögen zu verwalten, man Beweise habe,

sich mit Gewalt ruinire. Herr Klump antwortete auf alle gut — und schlimm gemeynte War-
nungen nichts, als es werde sich zeigen, ob er
bei dem geschlossenen Akkord reich oder arm werden solle.

Die Truppen nahten heran: — Klump blieb
so ruhig, als vorher. Jedermann war auf das
Spektakel begierig, das erfolgen würde. Aber
wie erstaunte man, als die Quartiermeister und
Kommissarien versicherten, noch nirgends so gut
bedient worden zu seyn? wie erstaunte man über
die kluge Einrichtung des Herrn Klump, daß die
Früchte an jeden Ort, der Einquartirung bekommen
sollte, ohne viele Mühe und Kosten durch eben die
Bauern gebracht wurden, welche ehedem Geld gehohlt hatten? wie erstaunte man, als man erfuhr, daß Herr Klump fast in jedem an der
Landstraße gelegenen Orte ein kleines Fruchtmagazin angelegt hatte? wie kreuzigten sich die Kauf-
leute und Juden, als sie berechnen konnten, daß Herr
Klump viertausend Gulden reinen Gewinn hatte? —

„Der Mann muß doch so verrükt nicht seyn!"
urtheilten jezt seine Landsleute, und zogen den
Hut ab, so oft ihnen der plüschene Rock begegnete.

Zwei Jahre auf diesen Vorfall gab es eine
reiche Erndte. Kornjuden und Konsorten wollten
Frucht einkaufen, so lang sie wohlfeil war; aber
wer geerndtet hatte, wartete entweder auf theuere
Zeit, oder hatte es bereits dem Herrn Klump zu-
gesagt. Herr Klump miethete Speicher und
Fruchtböden in der ganzen Gegend, — und wo
Frucht feil war, war Herr Klump der Käufer.
Was den geldbedürftigen Bauern nicht vorausbe-
zahlt war, bezahlte er jezt baar, und — zum
Theil um Preise, welche die Sage von seiner
Melankolie aufs neue würden rege gemacht haben,
wäre der vortheilhafte Akkord mit den durchreisen-
den Truppen nicht noch warm in jedermanns An-
denken gewesen.

In der Mitte des Winters entstund merklicher
Fruchtmangel. Ohnerachtet sich die Regierungs-

räthe, Beamten, und Burgermeister auf die hochweisen Köpfe stellten, so konnten sie sich doch die
Entstehung dieses Phänomens nicht erklären,
noch vielweniger wußten sie, da die Noth immer
höher stieg, Rath zu schaffen. Die Bauern eben
der Gegend, welche sonst das Fruchtmagazin der
ganzen Provinz war, hielten jezt ein Stück Brod
vor eine Festtagsmahlzeit, und bereuten tausendmal, ihren Vorrath in Hofnung eines scheinbaren
Gewinns verkauft zu haben. — Die sämmtliche
Bäckerschaft machte bekannt, daß sie gern bezahlen wolle, was man verlange, nur solle man ihnen
Frucht schaffen; und ihr und der armen Leute
Geschrei, die öfters mit Kartoffelsrinden vorlieb
nehmen mußten, nahm überhand.

Der Burgermeister selbst hatte seinen Frucht-
vorrath verkauft, indem, wie er glaubte, eher die
Schwindsucht in der hochedelgebohrnen Lunge, als
Fruchttheurung im Lande zu erwarten war.

„Ei! Männchen, mach doch, daß wir Frucht
bekommen!" bath die Burgermeisterinn.

„Man wird aus einem fremden Lande Frucht hohlen müssen, oder ich weiß keinen Rath," gab Er zur Antwort.

Eben diesen Gedanken äusserte er in der Abend= assemblee seiner L'hombre Parthie, während im Nebenzimmer seine Frau ihrem Kränzchen am Theekessel prophezeite, man werde bald Schweizer= und Holländer Brod essen. — Bald wuchs die Sage von dem projektirten Proviantransport zur Stadtneuigkeit an, und gelang endlich auch vor Klumps Ohren. Jezt wußte dieser, was er wis= sen wollte, und erboth sich dem Magistrat, drei tausend Malter Frucht zu liefern, für den christ= lichen Preiß von 22000 fl.

Man glaubte eines Engels Stimme zu hören, und der plüschene Rock, Melankolie und Sparsamkeit war vergessen.

„Dies haben wir dem Herrn Klumb zu danken!" riefen Väter ihren Kindern bei jedem Stück Brod zu, das sie vertheilten.

„Herr Klump soll leben! rief der Bürger=
meister bei jedem Stück Bisquit in Wein getunkt.

„Herr Klump, der Patriot, unser Verjor=
ger, soll leben!" riefen die Becker, Mehlhändler
und Weinwirthe.

Der größte Stein war der Landesregierung
von der Brust gewälzt, welche von den hungrigen
Bauern nichts geringers, als Rebellion, Straf=
senraub und Selbstmord erwartet hatte. Voll
Freude über die unvermuthete Hülfe, wirkte sie
dem Herrn Klump von dem Landesregenten eine
jährliche Pension von dreihundert Gulden mit dem
Titel eines Oekonomieraths, und eine silberne
Metaille mit der Aufschrift: dem Patrioten!
zum Beweiß der höchsten Zufriedenheit aus. —
Practica est multiplex!

20.

Der Menschenfreund.

Lange Zeit hatte der reiche Prediger Birk von seinem Sohne, der die Handlung erlernt, und eine grosse Reise angetretten hatte, keine Nachricht erhalten. Das zärtliche Vaterherz quälte sich mit Furcht und Hofnung, bis endlich folgender Brief einlief:

Bester Vater!

Gott sey es gedankt, daß ich lebe, daß ich an Sie schreiben kann! Danken Sie ihm mit mir, dem höchsten Wesen, für seine über alles wachende Vorsehung, die mich, schon eine Beute der Meereswellen, durch ein Wunder gerettet hat! Mein ganzes Leben sey ihm heilig, dem liebevollsten Wesen! nicht allein meine stammelnde Zunge, nicht allein mein tiefgerührtes Herz, nein! alle meine Handlungen sollen ihm danken, und seinen Namen verherrlichen! —

Mein Glaube an Menschentugend stirbt nun nicht mehr aus, so sehr mich meine vorhergehende Erfahrungen zu dem Gegentheil berechtigten! Es giebt noch wahre, edle Menschenfreunde! Zur Ehre der Menschheit sey es gesagt — ich kenne Einen, wohne unter seinem Dache, und esse an seinem Tische. Doch meine Worte sind räzelhaft für Sie, mein bester Vater. — Hören Sie meine Begebenheiten, und freuen Sie sich, daß Ihr Sohn lebt und Hoffnung hat, glüklich zu werden.

Von der Seestadt, woraus mein lezter Brief an Sie datirt war, hatte ich bald Gelegenheit mit einem Kauffartheischiff meine Reise weiter fortzusetzen. Unsre Fahrt war so glüklich, daß wir nach sieben Tagen B.....x vor Augen hatten. Ich dankte schon meinem Schöpfer, daß ich auch diese Reise glüklich überstanden hatte, als mich plözlich ein Geschrei um Hülfe, das aus allen Ecken des Schiffs widertönte, aus meiner Andacht riß. Ich eilte auf das Verdeck, und erblikte nichts, als Gesichter des Schreckens und des Todes. Unser Schiff war an zwei Orten leck, und das Wasser drang mit unwiderstehlicher Gewalt her-

ein. Die allgemeine Bestürzung läßt sich nicht
beschreiben. Ich hielt für das beste, dem
Beispiel der Andern zu folgen, warf meinen
Koffer, worinn ich ungefähr 100 Louisd'or in
Geld, und für 50 an Werth hatte, in einen
Kahn und sprang ihm nach. Hier sahen wir
das Schiff mit fünfzig Menschen und mit
Schätzen für mehr als eine halbe Million vor
unsern Augen untersinken.

Noch war ich nicht gerettet. Mit Mühe näherten
wir uns dem Lande, in beständiger Gefahr,
unterzusinken, weil der kleine Kahn zu schwer
beladen war. Ich hatte bereits meine Seele
ihrem künftigen Richter anbefohlen, als unser Fahrzeug sank, und ich nichts mehr, als
das verzweifelnde Geschrei um Hülfe hörte.
Was mit mir vorgegangen war, hörte ich in
der Folge aus dem Munde meines großmüthi-
gen Erretters. Herr la Maison, ein hiesi-
ger Kaufmann, gieng am Ufer spazieren, sahe
unsere Noth, und ließ mich mit noch zween
meiner Gefährten durch einen Knecht retten.
Sobald ich wieder Besinnungskraft hatte,
war mein Erstes, meinem Wohlthäter den
wärmsten Dank für mein Leben darzubrin-
gen. — Ich sahe mich nach meinem Kistchen

um, um mich umkleiden und dem Knecht eine Belohnung in Gelde geben zu können, aber kein Mensch wollte etwas davon wissen. Da stand ich, mit Einem Rock auf dem Leibe, von allen Hülfsmitteln entblößt, unter einer fremden Nation, ohne Empfehlungsschreiben, wie der geringste Bettler!

Herr la Maison, der Menschenfreund, nahm meine Verlegenheit wahr, und tröstete mich für meinen Verlust mit dem uneigennützigsten Anerbieten seines Hauses und Tisches. Nicht zufrieden, mich von Wassers- und Hungersnoth errettet zu haben, giebt sich Herr la Maison alle Mühe, für mein ehrliches Fortkommen zu sorgen, und meine verlohrne Empfehlungsschreiben durch sein Ansehen zu ersetzen.

Inzwischen wünschte ich, Bester Vater! diesem edlen Manne, so sehr er meinen längern Aufenthalt zu wünschen scheint, nicht länger beschwerlich fallen zu dürfen. Fällt es Ihnen nicht beschwerlich, mir fünfzig Louisd'ore in Wechseln zu überschicken, so setzen Sie mich dadurch in den Stand, mein Glück weiter aufzusuchen." u. s. w.

Herr Birk freute sich über die Errettung seines Sohnes, schikte, anstatt fünfzig, hundert Louisd'ore, und schrieb seinem Sohne einen Brief, den dieser, aus Dankbarkeit gegen die zärtlichen Gesinnungen seines Vaters, auf der Brust trug.

Nach vier Wochen erhielt Herr Birk von dem Wohlthäter seines Sohnes folgendes Schreiben:

Mein Hochgeehrter Herr Prediger!

„So angenehm mir die Pflicht war, Ihren Herrn Sohn vom Tode zu retten, und inzwischen mit dem Nöthigsten zu unterstüzen, so traurig ist mir die Nothwendigkeit, Ihnen zu berichten, daß sich derselbe vor vier Tagen mit dem von Ihnen zugesandten Gelde, ohne mein Vorwissen, aus meinem Hause entfernt hat. Aller Nachforschungen ungeachtet könnte ich weder Spuren seines Aufenthalts, noch die Veranlassung seiner Entfernung entdecken. Mit Freuden würde ich die geringe Kosten, die ich auf denselben verwandt habe, vergessen, könnte ich Ihnen bald erfreuliche Nachrichten mittheilen. Der ganze Vorfall ist mir so unerklärlich, daß ich nicht einmal Vermuthungen wagen kann.

Ich habe die Ehre, mit dem aufrichtigsten Wunsch, daß die Wunde, welche Ihnen dieser Brief schlagen wird, durch anderwärtige angenehmere Begebenheiten geheilt werden möge, hochachtend zu seyn 2c. 2c.

La Maison.

Du wirst ihn nicht mehr an dein Herz drücken, guter Vater — deinen Sohn, die Freude deines Alters! — An ewige Eisen geschmiedet, macht er, auf Herr La Maisons Galeeren, eine Reise nach Indien. — Für Kost und Logis ist der Menschenfreund durch die 200 Louisd'ore entschädigt.

84.

Der Drache.

Der Herr von.... olf starb, und hinterließ
eine junge Wittwe mit einem Sohne von sechs
Jahren. Herr Trens, Kandidat der Gottesgelahrtheit, hatte das Amt eines Trösters bei der
Frau, und die Sorge des Erziehens bei dem jungen Pflänzchen übernommen; eine Gefälligkeit,
welche die betrübte Wittwe mit mehr Beruhigung
an ihr Schiksal, einen geliebten Gatten — unter den Boden gebracht zu haben, denken ließ.
„Jede minder traurige Stunde, sagte sie öfters
zu dem jungen Hofmeister, jeden Augenblick, in
welchem ich mich meiner selbst und meines Sohns
mit einiger Heiterkeit erinnere, bin ich Ihnen
schuldig, mein bester Herr Trens!" Herr
Trens antwortete jedesmal mit einem ehr-
furchtsvollen Handkusse, daß er keine seinen
Wünschen angemessenere Beschäftigung kenne, als
zu der Zufriedenheit einer so verehrungswürdigen
Dame beizutragen.

Amählig vertrofnete die Thränen-Quelle in
den schönen Augen, weisse, grüne und rothe Ge-

wänder verdrangen die schwarze Simbole des Todes, die entflohene Heiterkeit nahm ihren Sitz auf der entfalteten Stirne, Witz und Scherze ertönten aus den Lippen, durch welche lange Zeit nur schwere Seufzer paſſirt waren, und das öde Nonnenkloſter ſchuf ſich in einen Geſellſchaftsſaal um. Frau von .... olf fühlte, daß ſie der Welt noch nicht abgeſtorben war, und ließ ſich , um allen Gewiſſensſcrupeln und Zweifeln zuvorzukommen, von Herrn Trens fleißig das Kapitel über die weibliche Beſtimmung vorleſen.

Die melankoliſche Betrachtungen hatten bereits angenehmeren und dem weiblichen Herzen angemeſſeneren Regungen Platz gemacht; durch die moraliſche Vorleſungen aber erhoben ſich dieſe theils zu ſchmachtenden Wünſchen, theils zu lebhaften Bildern der reizendſten Ausſichten in die Zukunft. Wie aber die Glüksgöttinn wenige Menſchen in einem fortdaurenden Zuſtand ſehen kann, ſo unterließ ſie auch hier nicht, ihr launiſch Spiel zu treiben, und der jungen Wittwe, die ſich kaum vom erſten Schreck erhohlt hatte, einen zweiten zu verurſachen. Guſtav, das lebéndige Ebenbild ihres in Gott entſchlafenen Gemahls, und das einzige übrige Pfand ſeiner Liebe, ſtarb,

ehe sie einem baldigen Ersatz seines Verlusts ent=
gegen sehen konnte.

Der Gedanke, kinderlos zu seyn, fiel ihr,
wie einer Jüdinn, mit Zentners Schwere auf das
Herz, so, daß Herr Trens alle seine Wissenschaf=
ten in Kontribution setzen mußte, um mit einem
Vorrath von Trostgründen versehen zu seyn. Aber
alle glitten an dem tiefverwundeten Herzen, wie
Pfeile an der Felsenwand, ab — den physischen
ausgenommen, welchen Herr Trens, der ein
starker Physiker war, als den lezten und bün=
digsten aufgespart hatte. So fruchtlos die ersteren
waren, so schnellen und bleibenden Eindruck machte
der lezte. Die philosophische Dame lernte auch
diesen Streich des Schiksals als eine Begebenheit
ansehen, die nicht vermieden werden konnte, und
deren Andenken sie selbst nicht ungeschehen mache,
aber der Empfänglichkeit für angenehmere Gegen=
stände einen Damm vorsetze.

Je öfter Herr Trens seine Beweise wi=
derhohlte, desto einleuchtender wurden sie; eine
seltne Eigenschaft der Beweise, welche sonst, wie
die Dukaten, mit der Zeit von ihrem Werth ver=
liehren. Endlich stieg die Wahrscheinlichkeit, daß
Gustavs Verlust bald wesentlich würde ersezt wer=

den, zur Gewißheit, und Madame belohnte
Herrn Trens für die Auflösung ihrer Zweifel
mit ihrer Hand. Wann auch die goldbordirten
und mit Orden und Sternen behangenen Herrn
und Damen, welche, in Namen gefaßt, die weis=
sen Wände eines runden Saals bedeckten, zu dem
Vorhaben Nein! zu sagen schienen, so gewann
doch das Gefühl ihrer Verpflichtung gegen den
Freund in dem Herzen der Schönen die Ober=
hand. — Wer war glüklicher, als Herr Trens?
und wer vergnügter, als die Wittwe?

Leztere hatte gar keine Ursache, die getroffene
Wahl zu bereuen, indem der fünfte Monat nach
der Hochzeit schon ein augenscheinliches Zeugniß
von der Beweiskraft des Herrn Trens, als der
Veranlassung zum Eheverlöbniß, darbrachte.

Der neugebohrne Sohn der Liebe wurde von
Vater und Mutter dazu bestimmt, sich den Wis=
senschaften zu widmen, und ihrer seits versäum=
ten sie nichts, was ihn diesem Zwecke näher brin=
gen konnte. Oeffentliche und Privatlehrer wur=
den angespannt, das Söhnchen zum Dienst der
Musen geschikt zu machen. Schon wandelte es an
Helikons sanften Abhängen, und wünschte, die
lüftigen Höhen, die vor ihm lagen — erstiegen zu

haben, um, von der Wunderquelle berauscht, über Alltagsköpfe sich erheben und zwischen himmlischen Sphären schweben zu können, als er durch einen Befehl seiner Eltern dem Heiligthum entrissen, und auf das Dorf, wo diese ein Gut hatten, berufen wurde. Vater und Mutter freuten sich, als Friz angekommen war, ihre Hofnungen erfüllt zu sehen, und sagten sich über die Schönheit des siebenzehnjährigen Jünglings gegenseitige Komplimente.

„Es kann dir gar nicht fehlen, Frizchen, sagte einst die zärtliche Mutter, als sie ihn über einer Schäkerei mit einem schönen Bauernmädchen ertappt hatte — es kann dir gar nicht fehlen, einmal eine Parthie von der besten Familie zu treffen. Wann du daher schäkerst, so vergiß nicht, daß dein Großvater vom vornehmsten deutschen Adel war!"

Friz würde gern auf einen Vorzug, den er sich so wenig, als seine Mutter, erworben hatte, Verzicht gethan haben, wenn er nicht bei der Eroberung, auf die er ausgieng, Unterstützung von ihm erwartet hätte. Er war in einem Alter, wo das feuriger rollende Blut der fruchtbaren Einbildungskraft das Wort zu sprechen und ihre

Ideale blindlings zu begünstigen pflegt, wo die Natur am ungestimmsten gegen den Damm anläuft, den ihr bald Vernunft, bald Pedanterie entgegensezt; was Wunder! daß der Jüngling dem lebhaften Gefühl, daß er seiner Mutter Sohn sey, eher Gehör gab, als dem Gedanken, seines freiherrlichen Grosvaters Enkel zu seyn. Kurz: Friz sank noch eine Stufe tiefer, als seine gnädige Frau Mutter, und that mit dem schönen Rosinchen, was dieselbe als Wittwe, mit Herrn Trens gethan hatte. So sehr sich der alte Trens freute, daß sein Sohn gut bürgerlich Blut hatte, so sehr ärgerte sich Frau Trens, ihre weitreichende Plane mit einemmal vernichtet zu sehen.

„Was, rief sie, den Schimpf soll ich erleben, der meiner Familie widerfährt, daß mein Sohn ein Bauersmensch heurathet! Ich will sie lieber in Purpur und Seide kleiden, will ihren Bankert zum grossen Mann machen, aber sie zur Frau nehmen? — nein, das soll er nicht, mein Friz!‟

Vergeblich suchte Herr Trens zu beweisen, daß Bauermädchen — auch Menschen seyen, aber die Stärke seiner Beweise war in einem siebenzehenjährigen Ehestand verschwunden. Madame hörte und faßte nichts, sondern beharrte auf ihrem Entschluß.

Herr Trens wurde krank, gab dem liebenden Pärchen auf dem Todbett seinen Seegen, und starb. Rosine wußte sich bei der verwittibten Mutter ihres Liebhabers einzuschmeicheln, und endlich die Einwilligung zu ihrer Heurath zu erschleichen. — Friz nahm von dem Gut Besitz, kaufte Ochsen und Esel, Aecker und Wiesen darzu, und wurde — was ich gewiß auch geworden wäre — ein Bauer.

Nun waren sie ja glüflich! denkst du, theilnehmender Leser und Leserinn. Ja, gewiß Engel lächelten Wohlgefallen auf ihre Ehe herab, und beide waren geschaffen, einander glüflich zu machen! Aber — worauf Nero und Kaligula vergeblich sannen, worauf seit Aeonen kein Teufel gekommen ist, was des Schöpfers Meisterstück, den Menschen, unter den Koth erniedrigt, der an der Thiere Füssen klebt, — das that — ist's möglich? — das that ein Weib, ein altes Weib. Wahr ist's, Schwiegermütter haben schon die heiligsten Bande zerrissen, haben Zwietrachtssaamen in Gottes Friedensgefilde gesäet, aber — klagt nicht mehr über Hauskreuz, junge Ehe-

männer! — was diese that, hat noch keine ge=
than. Den gröſten, ſchönſten Zweck der Natur,
der jene von Menſchen geknüpfte Bande zur
göttlichen Verbindung adelt, zernichtete dieſes
Weib.

Mit einem flammenderen Schwerdt, als der
der Cherub vor Edens Pforte — mit ihrer Zunge
bewafnet ſtand ſie vor dem Paradis ihrer Kin=
der, wo bereits Roſine ſchmachtend des zögern=
den Gatten harrte. Friz, zu feig, den Drachen
von der Mutter zu unterſcheiden, mußte ſich von
heute an mit dem Glück begnügen, ſeinem
Weibchen gute Nacht zu wünſchen, und in einer
öden, dumpfen Kammer von der Wonne, die er
einſt in ihren Armen geſchmekt hatte, nach Herz=
zensluſt — zu träumen.

Einmal kamen ſie von einem Tanz nach
Hauſe. Beider Lebensgeiſter waren erhöht;
ſtärker wallte das Blut in ihren Adern; zärtlich
ſahen ſich ihre Augen an, und zogen ſich, als
hätten ſie geſündigt, zurücke. Die Natur ſiegte
über die erniedrigende Furcht vor einem Weibe,
das nicht mehr Mutter, ſondern ein Spiel des
Neides und Geizes war. Friz führte Roſinen
auf den Heuboden, einen Plaz, der in ältern und

neueren Zeiten oft zum Tempel der Liebe gedient
hatte, und fieng an, sich für die lang entbehrte
süsse Freuden schadlos zu halten, als der Teufel,
Betrug ahndend, in Gestalt des alten Weibes,
mit einem Stock in der Hand herzukam. Man
denke sich das übrige. — — Nach acht Monaten
und zwei Wochen gebahr Rosine ein Kind,
das — noch stumm ist. Und das alte Unthier
sperrt man nicht ins Tollhaus, hängt, rädert,
spießt man nicht, sondern alle Welt zieht den Hut
ab, und macht gehorsame Diener.